KB122870

나는 나로 살기로 했다

나는 나로 살기로 했다

김수현 글·그림

클레이하우스
CLAYHOUSE

시간이 흐르고 모든 것이 변할지라도
당신은 여전히 당신이다.

『나는 나로 살기로 했다』가 출간된 지 5년이 지났습니다.
지난 5년은 그야말로 변화의 시간이었습니다.
사회도 달라지고 그 속에서 살아가는 개인의 사고방식도
많이 달라졌습니다.
『나는 나로 살기로 했다』는 동시대의 사회상을
담으려 한 책이기에 수정하고 새로 더할 내용이 생겨
이렇게 개정판을 출간하게 되었습니다.

책이 출간되고 가장 많이 받은 질문 중 하나는
'어떤 계기로 책을 쓰게 됐느냐'였습니다.
사실 예전의 저에게는 삶의 청사진이 있었습니다.
대학을 나와 좋은 직장에 가고,
결혼해서 아파트를 장만하고,
아이를 낳으며 세련된 취향과 안정감을 가진 어른이 되고 싶었습니다.
남들처럼 혹은 남들 보기 좋은 삶을 바랐습니다.

하지만 어찌 된 영문인지(지금은 그 이유를 압니다만)
그게 잘 안됐습니다.
초반 퀘스트를 완료하지 못하니
다음 퀘스트로 나아갈 수 없었고,
삶의 청사진을 실현하지 못한 제 자신이 초라하게 느껴졌습니다.

내가 뭘 잘못했을까?
세상의 말을 더 잘 듣고, 한눈팔지 않고,
나를 더 질책해야 했던 건 아닐까?
그것도 아니라면 아예 처음부터 다른 존재여야 했던 걸까?

그런데 그 제자리걸음 끝에
문득 이런 생각이 들었습니다.

'아닐 수도 있지.'

'내가 잘못한 게 아닐 수도 있지'라고 생각하니
사회 구조의 문제가 보였고,
'내가 알던 이상적인 삶이 유일한 답은 아닐 수도 있지'라고 생각하니
다른 답을 탐색하게 되었고,
'다수의 길이 나의 길은 아닐 수도 있지'라고 생각하니
작가의 삶을 살아볼 용기가 생겼습니다.

한마디로 이 책은 '아닐 수도 있지'라는 생각에서 시작되어
그 생각을 담고, 그 생각으로 쓴 책입니다.

작은 의문에서 저는 많은 답을 얻었고,
허위를 걷어낸 나 자신을 받아들일 용기를 내게 됐습니다.
그때의 제가 느낀 해방감이 참 좋아서,
당신과 함께 나누고 싶었습니다.

물론 이 책의 답이 당신에게 강요가 되지 않기를 바랍니다.
다만 제가 그러했던 것처럼 묵은 생각들에 질문을 던지고,
사회와 타인의 관념에서 한 걸음 물러나
당신의 답을 건져 올리면 좋겠습니다.

책을 준비할 당시 하루의 일과를 마치고 돌아오는 길에는
언제나 머리가 참 상쾌했는데,
지금도 그 기분 좋은 시원함이 종종 생각이 납니다.

이 책이 그런 기분 좋은 시원함으로
다가갈 수 있기를 바랍니다.
5년이 지난 지금도 여전히 당신의 여정에 용기와 응원을 보내며
모두에게 건투를 빕니다.
우리, 잘 살아냅시다.

2022년 2월
김수현 드림

🌲🌲 차례

Part 6.

좋은 삶, 그리고
의미 있는 삶을 위한
to-do list

생각해보면 나는 늘 '이유'가 궁금했다.

그래서 학창 시절, 선생님이 내게 무언가를 시키면

언제나 "왜요?"라고 물었다.

그러면 사람들은 내가 반항을 한다고 여겼는데,

나는 정말 이유가 궁금해서 물어본 거였다.

묻지도 따지지도 말라는 건 내겐 너무 어려운 일이었다.

그런 나는 어른이 되었고,

어느 날 문득 나 자신이 초라하고 무력하게 느껴졌다.

애매한 나이에 애매한 경력과 애매한 실력.

나는 제대로 갖춘 것도 보장된 것도 없는 애매한 사람이었다.

어쩌다, 이렇게 애매한 어른으로 자라버렸을까.

그때 나는 내가 뭘 잘못했을까 생각했다.

전공 선택을 잘못했던 걸까?

대학생 때 더 열심히 하지 않은 게 잘못이었을까?
다른 일을 해보려 했던 게 잘못이었을까?
그런데 아무리 생각해도 나는 잘못이 없었다.

물론 내 인생에는 실수와 방황과 오류가 있었지만,
그건 삶에 있을 수 있는 시행착오가 아닌가.

나는 학창 시절 선생님 말에 이유가 궁금했듯이,
아무 잘못 없는 개인이 왜 초라함을 느껴야 하는지 알고 싶었다.

그때의 나는 많은 책을 읽었는데,
취미로 읽은 게 아니라 정말 궁금해서 읽었다.
나는 왜 초라해졌는가에 대하여.
나는 왜 부족한가에 대하여.
나는 왜 아무것도 아닌가에 대하여.

궁금증을 해소해가며 내가 내린 최종 결론은
세상이 나의 존재를 무가치하게 여길지라도,
나는 나를 존중하고 나로서 당당하게 살아가도 된다는 거였다.
이 책은 내가 느꼈던 초라함의 이유이자
나를 초라하게 했던 모든 것에 대한 나의 답변이다.

그동안 책을 쓰며,
나는 독자에게 잠깐의 위안과 따뜻함을 주었다고 생각한다.
하지만 조금 더 오랜 시간 머무를 수 있는
단단한 용기이자 응원이고 싶었다.

냉담한 세상에서
아무런 잘못 없이 스스로를 질책해야 했던
나와 닮은 누군가에게 전하고 싶다.
우린 잘못이 없다고.

나로서 당당하게 살아가도 된다고 말이다.

GOAL

보통의 존재가
내가 아닌 것을 시기하지 않으며
차가운 시선을 견디고
있는 그대로의 나로서 살아가기 위하여.

Part 1.

나의 삶을 존중하며 살아가기 위한
to-do list

의학, 법률, 경제, 기술 따위는 삶의 도구가 되지만
시와 아름다움, 낭만과 사랑은 삶의 목적인 거야.

_〈죽은 시인의 사회〉 중에서

내게 친절하지 않은 사람에게
친절하지 않을 것

대학을 갓 졸업했을 무렵, 나는 한 회사에서 인턴을 했다.

내가 처음으로 배정된 팀에서 만난 선배는

나를 하인처럼 대했다고 할까? 갑질이 적당할 듯.

자기 앞에 있는 모니터를 10cm 옮기는 것도 나를 시켰고,

사소한 실수만 해도 "나 엿 먹여?"라며 면박을 줬다.

사회생활이 처음이었고,

모든 게 평가 대상이었던 인턴 신분의 나는

어찌할 바를 몰랐다.

그저 이 집단의 가장 아래 놓여 있다는 사실을 실감하며

고단한 미생의 시절을 보냈다.

그런데 인턴십을 마치고 한참이 지난 어느 날,

잠자리에 드는데 갑자기

그 선배 생각에 분한 마음이 들었다.

생각해보면 큰 권한이 있던 것도 아닌데
대단한 권력이라도 지닌 듯 구는 그녀에게
나는 단 한 번도 꿈틀하지 못했고,
그런 나의 태도는 그녀가 나를 점점 더 하대하게 만들었다.

그리고 그 순간 정말 참을 수 없었던 건,
그녀가 나에게 한 행동이 아니라
그런 상황에서도 잘 보이려 애쓰며
불편한 내색 한 번 하지 못한 나 자신이었다.

다른 경우긴 하지만,
민주화 운동을 하다 고문을 당했던 사람들이
과거를 떠올리며 괴로워하는 이유는 그때 겪었던 고통보다도
고문하는 이들에게 잘 보이려 했던 자신의 모습이라 했다.

그것이 우리의 잘못이 아니라고 해도
사람의 자존감에 치명상을 끼치는 건,
부당한 대우 자체보다
부당한 대우에 굴복한 자기 자신인 거다.

그러니 우리에게 친절하지 않은 이에게,
우리를 존중하지 않는 이에게, 친절하려 애쓰지 말아야 한다.
정중함으로 맞서되, 그들에게 비굴해지지는 말자.

상황은 바꿀 수 없을지라도
저열한 인간들로부터
스스로의 존엄함을 지키기 위하여,
우리에겐 최소한의 저항이 필요하다.

갑의 무례함에
용기를 주는 건
그들의 지위가 아닌
을의 무력한 친절이다.

너나
잘하세요.
ㅅ ㅂ

비참해지려
애쓰지 않을 것

인스타그램에 처음 입성했을 무렵, 랜덤으로 올라오는 피드에서
약간의 과장을 보태 허리까지가 가슴인 엄청난 글래머의 사진을 보았다.
그녀의 인스타그램에 들어가 보니 말로만 듣던 럭셔리 SNS였다.
예쁘고, 몸매 좋고, 명품을 휘감고, 늘 해외여행 중인 여자.
하지만 나에게 문화 충격을 준 것은 나와 다른 그녀의 삶이 아니라
그녀의 수많은 팔로워였다.

왜 이토록 많은 사람이 그녀의 삶을 들여다볼까?
궁금해하며 계속 들여다보니,
문득 아침에 맛있게 먹은 삼각김밥이 처량해졌고,
득템했다고 좋아한 8,900원짜리 스팽글 가방이 초라해졌다.

미디어는 너무 쉽게 타인의 삶을 훔쳐볼 수 있게 하고,
옛날 같았으면 평생 모르고 살았을 이들의 완벽해 보이는 삶은
우리의 호기심을 자극한다.

그런데 과연 그 호기심은 무료일까?
『자신을 비참하게 만드는 법』이란 책에서는
타인의 삶을 훔쳐보며 내 삶과 비교하는 것이
자신을 비참하게 만드는 가장 쉬운 방법이라 이야기했다.
타인에게 자기 삶의 스포트라이트를 내어주곤
자신은 관객석으로 내려오는 것이다.

우리 역시 약간의 호기심을 충족하기 위해 타인의 삶을 구경하고,
그 대가로 비참함을 지불하고 있었는지 모른다.

하지만 그렇게 충족된 호기심으론
어떤 것도 얻을 수 없다.
그 에너지와 호기심은 어디까지나 자신의 삶을 돌보는 데 사용돼야 한다.

그러니, 타인의 삶에 기꺼이 친구는 되어주되 관객은 되지 말자.

몇 장의 사진으로 요약된 그들의 삶보다
우리에겐, 우리의 삶이 더 소중하다.

부디 비참해지려 애쓰지 말자.

부러워서 진 게 아니라
네가 가진 걸
잊어서 진 거야.

시기심이 파괴적인 이유는
자신이 가진 것을 무가치하게 여기는 데 있다.

인생에 지나가는 사람들에게
상처받지 않을 것

나이를 먹으며 절감하는 건
언제 밥 한번 먹고 싶은 사람들조차도
시간을 내서 보긴 어렵다는 사실이다.
그렇기에 좋아하지 않거나 잘 맞지 않는 사람들은
고등학교 때 옆 분단에 앉았던 은경이와
재무팀의 박 대리가 그랬듯이
인생에서 지나가는 사람이 된다.

그런데 우리는 그런 이들의
공적인 업무를 위장한 사적인 짜증과
걱정을 위장한 모욕과 질문을 위장한 무례함에
마음을 졸이고, 상처받고, 미움을 쌓는다.

하지만 월급의 두 배짜리 명품백만이 낭비가 아니고
연예인 걱정만이 낭비가 아니다.

우리 삶에서 곧 사라질 존재들에게
마음의 에너지를 쏟는 것 역시 감정의 낭비다.
지나갈 인연을 붙잡아 악연으로 만들 필요는 없다.

그만두면 끝일 회사 상사에게
어쩌다 마주치는 애정 없는 친척에게
웃으면서 열받게 하는 빙그레 쌍년에게
아닌 척 머리 굴리는 동기에게
인생에서 곧 사라질 존재들에게
더는 감정을 낭비하지 말자.

마음 졸여도, 끙끙거려도, 미워해도
그들은 어차피 인생에서
지나가는 사람들일 뿐이다.

인생에서
숫자를 지울 것

인터넷에 떠돌았던 나라별 중산층의 기준이다.

영국(옥스퍼드대에서 제시한 중산층의 조건)

· 페어플레이를 할 것

· 자신의 주장과 신념을 가질 것

· 나만의 독선을 지니지 말 것

· 약자를 두둔하고 강자에 대응할 것

· 불의, 불평, 불법에 의연히 대처할 것

프랑스(퐁피두 대통령이 '삶의 질'에서 정한 중산층의 기준)

· 외국어를 하나 정도 구사하여 폭넓은 세계 경험을 갖출 것

· 한 가지 이상의 스포츠를 즐기거나 하나 이상의 악기를 다룰 것

· 남들과 다른 맛을 낼 수 있는 별미 하나 정도는 만들어 손님을 대접할 것

· 사회 봉사단체에 참가하여 활동할 것

· 남의 아이를 내 아이처럼 꾸짖을 수 있을 것

대한민국(연봉정보사이트 직장인 대상 설문)

· 부채 없는 아파트 평수 30평

· 월 급여 500만 원 이상

· 자동차는 2,000CC급 중형차

· 예금액 잔고 1억 원 이상

· 해외여행은 1년에 몇 번

영국, 프랑스와 비교했을 때

우리나라 기준에 빠짐없이 등장하는 것.

그건 바로 숫자다.

한번은 인터넷 서핑을 하다

'나의 결혼 가능 점수'를 알려준다는 배너 광고를 본 적이 있다.

사주 사이트인가 했는데

그건 결혼 정보 회사 사이트였다.

나이, 키, 몸무게, 자산 액수, 연봉 등 수많은 숫자를 입력하고 나면
소고기처럼 등급을 매겨 나의 결혼 가능 점수를 알려준다는 거였다.
이게 진정한 의미의 한국형 알파고가 아닐까 싶었다.

우리는 무엇이든 숫자로 책정하는 것을 너무 좋아한 나머지
나 자신의 값어치를 매기는 일도 자연스럽게 받아들인다.
그야말로 가치는 잊은 채 서로의 값어치를 묻는, 숫자의 삶이다.

그렇게 세워진 숫자의 삶 속에서
개인은 이력서에 쓸 숫자들을 위해 분투하고
팔로워 숫자에 존재감을 확인하며
집의 평수로 관계에 금을 긋고
누가 얼마나 많은 돈을 벌었는지를 헤드라인으로 읽는다.

그런데 숫자라는 건
언제나 비교하기 쉽고 서열을 매기기 용이하다는 특징이 있다.
예를 들어 세모와 동그라미를 비교하여 서열을 매길 수는 없지만,
1과 2를 비교하여 서열을 매기는 건 누구나 할 수 있다.
결국 숫자의 삶이란
쉴 새 없이 비교되며 서열이 매겨지는 삶인 것이다.

그 안에서 우리는
낮은 값어치가 매겨질까 안절부절못하고
자신의 위치와 서열을 끊임없이 확인한다.

그렇다면 삶의 모든 것을 숫자로 측정할 수 있을까?

아이큐가 지혜를 측정할 수 없고
친구의 숫자가 관계의 깊이를 증명할 수 없으며
집의 평수가 가족의 화목함을 보장할 수 없고
연봉이 그 사람의 인격을 대변할 수 없다.

삶의 가장 본질적인 가치는 숫자로 측정되지 않는다.
그러니 만약 당신이 우월한 존재가 아닌
비교할 수 없는 존재가 되고 싶다면
가장 먼저 숫자를 지워야 할 것이다.

삶의 가장 중요한 것은
숫자가 담을 수 없는 것들에 있다.

나이

토익 점수

키

학점

학벌 서열 순위

연봉

몸무게

집 평수

숫자를 지운 당신은
누구인가요?

누군가의 말에
흔들리지 않을 것

SNS를 통해 알게 된,
사랑스럽고 따뜻한 성격의 독자 한 분이 있다.
그녀에겐 사랑꾼 남자친구가 있는데,
그녀는 종종 남자친구와의 일화를 SNS에 기록했고
나는 그들이 죽은 연애 세포를 살려내는 사랑스러운 커플이라 생각했다.
그런데 어느 날 전혀 모르는 어떤 사람이 그녀에게
작작 좀 하라는 댓글을 남겼다.
다른 사람들 불행한 건 생각 안 하냐고.

물론, SNS에는 지나치게 과시적인 사람들이 있다.
하지만 보증하건대 그녀는 결코 그런 타입이 아니었고
자신이 느꼈던 소소한 행복을 기록했을 뿐이었다.
그 댓글을 읽은 그녀는 자신의 행동이 잘못되었는지 고민했다.
하지만 잘못은 어디까지나 그 댓글을 남긴 사람이
자신의 내면의 문제를 해결하지 못한 데 있었다.

우리는 종종 나의 의도를 오독하고,

나에 대해 왜곡하며 비난하는 이들을 만난다.

인터넷 뉴스에 배배 꼬인 악플을 남기던 사람들이

SNS와 일상으로 그 세력을 확장하고 있다.

떠들기 좋아하는 그들에 대한 대처법을 조언하건대,

누군가 당신에 대해 비난이 포함된 판단을 내린다면

당신이 알아야 할 점은

첫째, 그건 한 개인의 지극히 주관적 견해일 뿐

그 사람이 솔로몬이나 프로이트는 아니라는 것.

둘째, 그것이 당신을 향한 비난이라면

해야 할 일은 화를 내거나 슬퍼하는 게 아니라

비난의 진실 여부를 판단해야 한다는 것.

그 비난이 진실이라면 안 좋은 점을 고치는 계기로 삼으면 되는 것이고,

그것이 그저 상대 내면의 문제에서 비롯된 거짓이라면

그냥 개가 짖는다고 생각하면 된다는 것.

셋째, 만약 개가 계속 짖으면?

가만히 듣고 있지 말고, 마땅히 그 책임을 물으시라.

죄명은? 명예훼손 죄? 아니, 소음공해 죄.

사용법 : 함부로 떠드는 사람에게 본 페이지를 펼쳐 보여주시오.

주석 : 뭐 눈에 뭐가 보인다고요?

모욕하는 삶을
살지 않을 것

인터넷에 맞춤법이 틀린 글이 올라왔다.
그러자 그 아래에 '극혐'이라는 댓글이 잔뜩 달렸다.
극혐이라는 건 극도로 혐오스럽다는 뜻인데
나는 맞춤법을 틀리는 게 왜 극도로 혐오스러운 일인지 이해되지 않았다.
맞춤법을 틀리는 것으로 세종대왕을 모욕하겠다는 저의를 읽을 수도 없고,
모른다고 해도 그게 혐오의 범위에 들어갈 정도로 잘못한 걸까?

극혐, 개저씨, 틀딱, 설명충, 급식충, 맘충, 한남충, 김치녀 등
수많은 모욕과 혐오를 담은 단어들이 일상으로 들어왔다.

그리고 그 의미는 우리가 서로를 너무 쉽게 혐오하고 있다는 사실이다.

혐오주의의 원인은 주로 중산층 붕괴로 이야기된다.
지위에 불안을 느끼는 이들이 누군가를 내몰아
자신의 사회, 경제적 지위를 되찾고자 한다는 것이다.

그런데 그게 전부일까.

그렇게만 해석하기엔 그 대상이 너무 무차별적이고 광범위하다.

나만 하더라도 아기를 낳으면 맘충, 운전하면 김여사,

설명하려 들면 설명충, 진지하면 진지충이 된다.

벌레가 아닌 사람으로 살기 참 어렵다.

이러한 일상적 혐오에 대해 『모멸감』의 저자 김찬호 교수는

웬만큼 잘나지 않으면 인정받지 못하는 세상에서

그 공허를 채울 수 있는 가장 쉬운 방법이

타인에 대한 모멸이라 이야기했다.

그러니까 실질적 지위 회복이 아니라 해도

희미해진 자신의 존재감을 다시 느끼고 열패감을 보상받기 위해,

얄팍한 우월감과 만족감을 맛보기 위해 타인을 모멸한다는 것이다.

이 얼마나 초라한가.

'혐오'로 맺어진 단단한 유대 속에서
서로의 초라함을 감추고, 실제로 경험한 것이 아니라 해도
원하는 정보만을 소비하며 대상에 대한 뒤틀린 이미지를 강화한다.
그리고 그 혐오에 모멸감을 느낀 이들은 다시 혐오를 복제해간다.
그 결과 인터넷에선 누가 더 혐오스러운가에 대한
끝없는 경쟁이 펼쳐진다.

그런데 이 혐오 경쟁 끝에 '나와 다른 모든 이들은 혐오스럽다'
라는 결론을 내린다면 그땐 속이 후련할까?
혐오스러운 인간들이 도처에 널려 있다는 불신과
삐끗하면 나 역시 비웃음과 혐오의 대상이 된다는 긴장 속에서
우리는 조금 더 조심스럽고 조금 더 날카로워질 뿐.

단언컨대,
서로에게 가해자가 되는 세상에선
그 누구도 행복할 수 없다.

+

카메라 렌즈의 얼룩을 닦을 수 없다면,
세상은 영원히 얼룩져 있을 것이다.

백화점 엘리베이터 안에서

엄마에게 안겨 있던 아기가 갑자기 울음을 터뜨렸다.

아기 엄마는 당황해서 알아듣지도 못하는 아이에게

그러면 안 된다며 아기를 달랬고, 연신 눈치를 보았다.

난 그녀에게 "괜찮아요"라고 말했다.

나의 "괜찮아요"는

나는 '당신을 함부로 모욕하지 않아요'라는 의미였다.

정말, 괜찮아요.

괜찮아요.

스스로에게
변명하지 않을 것

젊은 시절 운동권 학생이었다는 어느 분의 이야기를 들었다.
그는 명문대를 졸업했지만 운동권 출신이라는 꼬리표 때문에
제대로 된 직장을 잡지 못했다.
그런 그는 자본주의를 혐오했는데,
이렇게 불합리한 구조에선 일할 수 없다고 말하며
언제부턴가 일자리를 구할 시도조차 하지 않았다.
그 결과 마흔을 넘긴 나이까지도 일을 하지 않는 그를 대신해
모든 생활비를 대는 건 청소 일을 하는 어머니의 몫이 되었다.

누가 보더라도 이 사람의 논리는 허점투성이다.
노동자가 자본가에게 착취당하는 사회 구조를 비난하면서도
자신은 어머니를 착취하고 있으니 말이다.
주변 사람들은 일할 시도조차 하지 않는 그를 이해할 수 없어 했고,
그의 어머니를 불쌍하게 여겼다.
대체 무엇이 그를 이토록 이해할 수 없는 사람으로 만들었을까.

짐작하건대, 당시 명문대를 나왔던 그는
스스로에 대한 기대도 이상도 높았을 거다.
하지만 운동권이었다는 이유로 자신의 존재가 부정당하는 현실에서
얼마나 많은 무력감과 좌절감을 느껴야 했을까.
거기다 경제적 독립에 실패했다는 사실은
그에게 수치심이 되었을 것이고
그가 품었던 자아 이상에 치명적인 손상이 가해졌을 테다.

자신에 대한 수치심, 무가치함은
사람이 가장 견디기 힘들어하는 감정이다.
그렇기에 사람들은 이 감정을 숨기고자
냉소로 무장하고
문제의 원인을 외부의 탓으로 돌리며
변명 뒤에서 자신을 보호한다.

그런데 문제는 변명으론 자신을 지킬 수 없다는 데 있다.
스스로를 방어하기 위한 변명에는 사실 그 자신도 속지 않기 때문이다.
겉으로 아닌 척해도 무력감과 수치심은
여전히 내면에 처리되지 못한 채 남아 있는 것이다.

소설가 김형경은 『사람풍경』에서
사랑의 반대말이 증오나 분노가 아니라 무관심이듯,
생의 반대말은 죽음이나 퇴행이 아니라 방어의식이라 이야기했다.
방어의식은 사람을 영원히 자기 삶 바깥에서 서성이게 한다.

그 역시 오랫동안 삶의 바깥에서 서성이며 맴돌았다.
자신을 초라하게 하는 현실과 마주하며
무력감과 수치심을 감당할 바에는
차라리 동네의 고상한 레지스탕스가 되는 편이 나을 거라 여겼을 수 있고,
부조리한 세상에 상처받는 것이 두려웠을 수도 있다.

그러나 더 이상 그 과거에 묶여 인생 전체를 소진해서는 안 된다.
그 이유가 무엇이든 자책과 원망을 소거하고
있는 그대로의 자신을 투명하게 재평가해야 한다.

대학 시절 좋은 세상을 만들기 위해 애썼던
자신의 노력에 마땅히 자부심을 느껴야 하고,
좌절된 욕구는 어쩔 수 없었음을 받아들여야 한다.

한심하고 부끄러워할 건
좋은 직장에 다니지 못하는 거나 성공하지 못하는 것이 아니라
자신에 대한 변명을 늘어놓으며 아무것도 하지 않는 것이다.

자신이 기대했던 모습은 아닐지라도
스스로가 초라하게 느껴지는 걸 견뎌야 할지라도
변명을 덜어낸 진짜 자기 자신과 마주하자.

그리고 그 마주봄 끝에 가장 중요한 건
다시 시작하는 데 있다.

"난 너무 한심해."

공격 방향 : INSIDE

"아냐, 다 남 탓이야."

공격 방향 : OUTSIDE

중요한 건, 자기 내면의 분노로부터

자유로워지는 것이다.

누구의 삶도
완벽하지 않음을 기억할 것

중학교 3학년 때, 같은 반 남자애가 나에게
"네가 힘든 일이 뭐가 있겠냐"라고 말한 적이 있다.
추측하자면, 나는 반에서 잘 떠들고 괄괄한 타입이었는데
조용했던 그 아이는 내가 부러웠던 것 같다.
하지만 당시 중증의 중3병을 앓고 있던 나는
부모님과의 갈등에 괴로워하고 있었다.

대신 난 다른 친구를 부러워했는데,
그 친구야말로 힘든 일이 없어 보였다.
예뻤고, 다들 그녀에게 잘 보이고 싶어했다.
그런데 몇 년 후 친해진 그녀는 내게 중3 때가 가장 힘들었다며,
선생님들의 차별과 편견에 죽고 싶었다는 이야기를 했다.
신기한 일이다.
그 남자애도 틀렸고 나도 틀렸다.

우리는 자신에게 결핍된 부분을 가진 누군가를 볼 때,
그 사람의 인생은 완벽하다고 느낀다.
하지만 과연 우리는 타인에 대해 얼마나 알 수 있을까?

박연선 작가의 드라마 〈청춘시대〉에는
한 달간 중국으로 떠나는 진명을 보며,
공항 직원들이 "부럽다", "너도 부모 잘 만나서 태어나"라며
서로 속닥거리는 장면이 나온다.
하지만 사실 진명은 6년 동안 식물인간으로 지냈던 동생이 죽은 후,
전 재산 170만 원을 털어
무작정 한국을 떠나는 상황이었다.

우리는 겉으로 드러난 모습만 보며
타인의 삶의 무게를 짐작하지만,
타인의 눈에 비친 우리의 모습이 전부가 아니듯
우리의 눈에 비친 타인의 모습도 전부가 아니다.
우리는 저마다 다른 이유와 무게의 슬픔을 안고 살며,
각기 다른 상처를 가졌을 뿐
손상되지 않은 삶은 없다.

그렇기에 당신이 알아야 할 분명한 진실은
사실 누구의 삶도 그리 완벽하지는 않다는 것.

때론 그 사실이 위로가 될 것이다.

+

친구가 갑자기 카톡으로
'넌 항상 열심히 사는 것 같아. 늘 자극받는다'라고 보내왔다.
난 그냥 엎드려서 쇼핑몰 배송 조회를 하고 있었는데.

상처의 원근법

가까운 것은 커 보이고,
멀리 있는 건 작게 보인다.

보통의 존재로
충분히 행복할 것

어린 시절, 차를 타면 언제나 해가 나를 따라온다고 생각했다.
그리고 언젠가 세일러문 정도의 마법 소녀가 되는 걸
상상하곤 했다.
물론 성인이 되어서도 이런 생각을 계속한다면
중증의 과대망상 판정을 받기 딱 좋을 것이다.
그래도 나이를 먹으면,
악의 무리로부터 세상을 구하는 영웅은 아닐지라도
어딘가 특별한 어른이 되어 있을 것만 같았다.

하지만 현실의 나는 평범한 어른으로 자라났다.
화려한 삶도 아니며,
무한의 자유를 누리지도 않는다.
여전히 소고기는 마음껏 사 먹기 어렵고,
좁은 생활 반경 속에서 멋없는 일상을 반복한다.

그런데 생각해보면
평범한 어른 중의 한 사람이 되었다는 사실을 깨닫는 지점,
어린 시절 내가 품었던 이상을 떠나보내는 지점,
어른의 사춘기는 그 지점에서 오는 게 아닐까.

물론 그 순간이 슬프고 씁쓸하기는 하다.
하지만 어린 시절의 환상과 기대감에서 벗어나
보통의 존재로서 자신의 삶을 꾸리는 것,
어른의 숙제란 그런 것인지도 모른다.

나는 앞으로도 세일러문이 돼서 지구를 구할 일도,
워런 버핏과 점심을 먹을 일도,
소르본 대학의 교수가 될 일도 없을 것이다.

하지만 내가 원하는 건 나의 동창들이 내 소식을 듣고
배가 아파 복통을 일으키는 것도 아니고,
친척들이 가문의 영광이라며 나를 우러러보는 일도 아니다.

대신 내겐 쓰고 싶은 글이 있고
더 알고 싶은 궁금한 것들이 있다.

가족과 더 많은 시간을 보내고 싶고
수영을 배워서 바다에서 마음껏 시간을 보내고 싶고
다양한 관점을 가진 사람들을 만나며 나의 세계를 확장하고 싶다.

내 삶에는 많은 제약이 있고 보장된 것은 없지만,
보통의 삶에도 허락된 많은 것이 있다.

어른의 사춘기는 지금의 자신을 인정하고
그 안에서 자신의 삶을 채울 수 있을 때 종결되는 것이며

우리는 그 순간
진짜 어른이 될 것이다.

그래, 이게 나야.

특별함은

우월함에서 오는 것이 아니라

고유함에서 오는 것이다.

나를 평가할 자격을
주지 않을 것

예전에 친구가 소개팅을 했던 남자는
친구에게 좋아하는 운동이 있냐고 물으며
골프나 승마 같은 건 안 좋아하냐고 물었다고 한다.
이건 사실 취미가 아닌 상대의 경제력을 가늠하기 위한 질문.

남자든 여자든, 이성의 경제력을 보는 게 나쁜 건 아니다.
나 역시도 분명 자유로울 수 없다.
하지만 먹고사는 문제를 무시할 수 없는 것과
쉴 새 없이 계산기 두드리는 소리를 내며,
사람의 모든 걸 숫자로 환원하는 건 좀 다른 문제다.

사는 집을 확인하고 연락이 없었다는 사람,
부모님 직업을 확인하는 것에 모든 대화를 쏟는 사람,
그런 상대들 앞에서 누군가는 답안지를 제출한 아이처럼
상대가 나에 대해 내릴 평가에 불안하다고 했다.

그런데 한편으로 생각해보면 그리 불안해할 필요가 있을까?

내 경우를 말하자면 아무리 능력 있다 해도
숫자를 지나치게 좋아하는 사람은
삶의 기쁨이 너무 단출한 것 같아서 전혀 매력적이지 않다.
한마디로 내 취향이 아니다.

그러니까 그 사람에겐 내가 자격 미달이겠지만
그 사람도 내겐 자격 미달인 거다.

내게 필요한 건 나와 닮은 단 한 사람일 뿐이지 그들이 아니며,
그들만 나를 평가할 수 있는 게 아니다.
그러니 만약 누군가 우리를 숫자로 평가한다면?

놀구 있네. 니들은 어차피 다 탈락이야, 이것들아.

안물안궁

안 물어봤고 안 궁금하다.

주눅들 만큼
겸손하지 말 것

책을 내고 난 후, 종종 친구들은 나를 '김 작가'라 불렀다.
하지만 친구들끼리 장난처럼 하는 말일 뿐,
나는 나를 작가라 여기지는 못했다.
작가의 사전적 의미는 글이나 그림 등의 창작자일 뿐임에도
작가의 자격 앞에선 늘 민망하고 어색했다.

그러다 어느 여행자의 일화를 듣게 되었다.
여행자는 유럽의 술집에서 한 바텐더를 만났는데,
바텐더는 여행자에게 자신을 시인이라고 소개했다.
그 말에 여행자가 "당신 이름으로 나온 시집이 있나요?"라고 물었고,
바텐더는 "아뇨. 시집을 낸 적은 없지만, 시를 쓰기 때문에 시인이죠"
라고 답했다.
왜 나는 몇 권의 책을 내고도 작가라 불리는 것을 어색해하고,
다른 누군가는 시집 한 권 없이도
스스로를 당당하게 시인이라 말할 수 있을까.

개인의 차이도 있겠지만, 문화의 차이도 크다.

개성과 자율성을 중시하는 서양에서는

개인을 상호 개별적인 존재로 여기며 자기 긍정성을 중시한다.

반면, 우리 사회는 개인의 개성보다는

집단의 조화를 중시하는 관계 지향적인 사회였다.

그래서 초등학교에 들어가자마자

〈바른 생활〉이라는 과목에서 관계 맺는 법을 배웠는데,

요약하자면 가족과 친구와 이웃과 누구와도 싸우지 말고

사이좋게 지내란 이야기.

그러기 위해 우리는 자신의 개성을 특별하게 생각하고

자신의 감정을 존중하기보다는

자신을 낮추고 타인의 생각과 감정에

주의를 기울이도록 교육을 받았다.

영어에는 대응할 단어조차 없는 '눈치'가
우리는 유난히 발달한 것도,
때론 자기비하에 가까운 겸손도
이러한 문화에서 나온다.

그리고 그 오랜 수련의 결과,
사람들과 잘 어울리기 위하여
주제 파악 못 하고 꼴값 떤다는 소리를 듣지 않기 위하여
고도의 눈치와 겸손을 발휘하며
끊임없이 자신의 자격 앞에서 머뭇거린다.
물론 겸손도,
타인의 감정을 배려하는 것도 미덕이다.
그러나 덕도 지나치면 독이 된다.

겸손과 배려의 가치는 눈치를 보며 주눅드는 것이 아닌
타인에 대한 존중에 있을 뿐이고,
타인의 감정을 염려하느라
정작 자신의 감정은 돌보지 못한다면
그 무엇도 미덕이 될 수 없다.

그러니 당신이 지칠 만큼 눈치를 볼 필요도,
주눅들 만큼 겸손할 필요도 없다.

당신이 가장 먼저 존중해야 하는 사람은
언제나 당신 자신이다.

+

약간의 근자감과
어느 정도의 개쌍마이웨이 정신이 필요하다.

나의 삶을
존중할 권리를 말할 것

인터넷에서 어떤 글을 읽었다.

글쓴이는 레스토랑에서 아르바이트를 하고 있었는데,

손님으로 온 한 아주머니가 글쓴이를 가리키며

딸에게 "공부 안 하면 저렇게 된다"라고 말했다.

의문의 1패를 당한 글쓴이는 불쾌했다.

그녀는 경험을 쌓기 위해 아르바이트를 하는 것뿐이었고,

동료 역시 명문대를 다니고 있었기 때문이다.

그때 마침 중국인 손님이 들어왔고,

중국 유학 경험이 있었던 그녀는 유창한 중국어로 주문을 받았다.

그러자 그 모습을 본 아주머니가 놀라며

겸연쩍어했다는 이야기였다.

이 글을 읽은 사람들은 그 아주머니를 비난했다.

하지만 과연 글쓴이는 그 아주머니와 얼마나 다를까.

글쓴이는 계속해서 자신이 단순 노동자가 아니라
그저 경험을 쌓기 위해 일하는 아르바이트생임을 강조했다.
그녀의 절절한 항변은 아주머니의 언행 자체가 아니라,
'내가 그런 취급을 당할 사람이 아닌 것'에 맞춰져 있었다.
한마디로 그녀는 억울하다.
자신은 경험을 위해 아르바이트를 하고 있을 뿐,
공부를 안 해서 '저렇게 된' 이들과는 다른 존재인데 말이다.

한때 유행하던 공부 자극 글귀가 있다.
"대학 가서 미팅할래, 공장 가서 미싱할래?"
"1~3등급은 치킨을 시키고, 4~6등급은 치킨을 튀기고,
7~9등급은 치킨을 배달한다."

얼핏 들으면 쇼미더머니에 나갈 법한 라임 돋는 문장이지만,
이 텍스트는 치킨을 배달하는 삶,
공장에서 미싱하는 삶을
공부하지 않은 형벌로 바라보게 하고
땀 흘리는 노동을 비참한 삶으로 만든다.
그렇게 자신도 모르게 육체노동자에 대한 무시와 차별이
기본 운영 체제로 머릿속에 장착되는 것이다.

이러한 차별의 뿌리는 결코 짧지 않다.

백성들을 천대하던 호랑말코 같은 관료들이 심어놓은

관존민비(관리는 높고 귀하며, 백성은 낮고 천하다) 직업관이

자본주의 위세 경쟁에 맞물려

새 버전으로 업그레이드된 것이다.

이 차별의 운영 체제는 직업 간의 임금 차를 좁히지 못하게 하고,

그건 다시 차별을 강화한다.

그렇다면 무엇이 문제일까?

1.

이 문제는 단지 만인이 평등하다는

휴머니티 관점에만 있는 게 아니다.

아이들은 공부를 안 하면 저렇게 된다는 말을 듣고

차별의 글귀를 읽으며

자신은 드라마 속의 커리어 우먼이나

성공한 비즈니스맨이 되는 미래만을 그린다.

그러나 현실의 많은 사람이 육체노동자로 살아가며

평범한 직장에서 을의 삶을 마주한다.

드라마 세트장 같은 곳에서만 살 줄 알았던 이들이
어린 시절 자신이 무시했던 삶으로 들어와 있다는 것.
그 사실을 어떻게 받아들일 수 있겠나.

미래에 대한 과대망상과 차별의 운영 체제가
평범한 자신에 대한 수치심으로 돌아오는 것이다.
자신이 그들과 같다는 걸 도저히 인정할 수 없는 것.
이는 결국 자기혐오로 향한다.

2.
노동자에 대한 차별과 멸시의 부작용은 다른 쪽에서도 진행된다.
은근한 차별과 멸시를 품고, 치킨 배달을 하지 않기 위해,
공장에서 미싱하지 않기 위해 안간힘을 쓰는 것.
그 속에선 배움에 대한 유희와 호기심이 아니라
무시와 차별에 대한 불안과 긴장이 공부의 동력이 된다.
물론 일시적인 불안과 긴장감은 능률을 높이고 동기를 제공한다.
하지만 삶의 동력으로 불안과 긴장만이 남았을 때는
아로나민 골드로도 풀 수 없는 마음의 만성피로가 만들어진다.
부모가 자식의 행복을 위한다며 내뱉던 말들이
자식을 만성적인 불안으로 내몰았던 것이다.

3.

그렇게 해서 원하는 곳에 닿으면, 만사가 형통할까?

차별과 멸시에 대한 공포로 얻은 성취에는 오만이 뒤따른다.

다른 내면의 힘 없이 오만만 증식되는 건

안전장치 없이 고층빌딩 위에 서 있는 것과 비슷하다.

상시적인 고소공포증, 즉 추락에 대한 공포감만 커질 뿐인데,

오만이 클수록 추락의 충격도 클 수밖에 없다.

그걸 보여준 게 전 조선일보 논설고문 이규태의 글이다.

그의 글을 빌리자면,

상황이나 사정이 바뀌면 자연스레 하향을 해야 하지만

한국인은 사정이나 상황이 달라져도 하향은 끝내 하지 않으려 하고,

어쩔 수 없이 하향을 하게 될 때는 처참하고 처절한 심경에 빠진다.

인생이라는 게 이렇게도 저렇게도 살 수 있는 것임에도

차별과 멸시가 내면화되면,

하향이란 처절하고 비극적인 추락인 거다.

그렇게 차별은 손가락질받는 이들은 수치스럽게 하고

손가락질하는 이들은 불안하게 한다.

결국 그 누구의 삶에도 도움되지 않는 것이다.

만약 당신이 끊임없이 불안을 충전하고 있다면,
혹은 당신이 꿈꿨던 미래와는 동떨어진 삶을 살고 있는
자신에게 수치심을 느껴야 한다면,
스스로에게 알려주어야 한다.
삶이란 이럴 수도 저럴 수도 있는 것일 뿐
그 어떤 삶도 잘못된 것이 아니라는 사실을.

열심히 사는 것도,
열심히 배우는 것도 마음껏 하시라.
하지만 누구의 삶도 모욕할 수 없다.

우리는
각자의 삶을 존중하며
살아갈 권리가 있다.

보통의 삶을 모욕한 대가는

자식의 불안과 공포로 남을 뿐이다.

Part 2.

나답게 살아가기 위한
to-do list

내가 아닌 모습으로 사랑받느니
차라리 있는 그대로의 내 모습으로 미움받겠다.

_ 커트 코베인

단단한 자존감을
다질 것

알랭 드 보통은 어른이 된다는 건 냉담한 인물들,
속물들이 지배하는 세계에서 우리의 자리를 차지하는 의미라 했다.
살아보니 세상은 동화 같지 않다.
갑질에 분개하는 것이 새삼스러울 만큼 차별은 일상에 만연하고
속물의 조건적 관심에 의연한 척하며 무시하려 해도
마음은 주머니 속에 넣어둔 쿠크다스처럼 부서진다.
그래서 사람들은 자존감을 높여야 한다고 말한다.
세상의 기준과 평가에 상관없이 스스로를 존중하는 마음을 키우라고.
그래, 말은 잘 알겠는데 그게 왜 쉽지가 않을까.

자존감은 기본적으로
어린 시절의 경험과 부모의 양육 방식에 영향을 받는다.
부모와 애착 경험이 부족하거나, 학대, 조롱, 방치, 비난을 경험한 경우
자존감 문제에 시달릴 수 있다.

하지만 그렇다고 자존감이 어린 시절 경험에만 의존해
평생 고착되는 것은 아니다. 살아가면서 변한다.
자존감의 원리를 연구한 심리학자 나다니엘 브랜든은
건강한 자존감을 위한 두 기둥을
자아 효능감과 자기 존중감이라 말했다.
자아 효능감이란 현실적 문제에 대처할 수 있다는
자기 신뢰이자 자신감이고,
자기 존중감은 스스로를 존중하며 사랑받을 가치가 있다고
여기는 마음이다.

그런데 우리는 자존감을 적절하게 지켜낼 수 있는 사회에서 살고 있을까?
건강한 자존감을 지니며 자라왔다 해도 수십 장의 이력서가 거절당하고,
생계의 위태로움과 불확실함을 느끼는 상황에서
스스로 삶을 운용할 수 있다는 자아 효능감을 느끼기는 어렵다.

게다가 조건으로 쉽게 서열을 나누며 차별을 권하는 사회에서
있는 그대로의 자신을 존중하라는 건
어쩌면 최면에 걸리자는 말에 가까울지 모른다.
세상은 자존감 없이는 점점 버티기 힘든 곳으로 변해가는데
개인은 자존감을 세우기가 점점 어려워지는 것이다.

그럼 우리는 어떻게 해야 돌림 노래처럼 반복되는
자존감 문제를 해결하고,
이 냉담한 세상에서 우리 자리를 차지할 수 있을까?

개인의 영역에선 두 가지 축으로 이뤄져야 하는데,
그 첫 번째 축은 사회적 존중이라는 자존감의 토양을 다지는 것이다.
존중이 희소성을 지닌 경제재가 될 필요는 없다.
사실 돈이 드는 것도 아니지 않은가?
존중이 누구나 얻을 수 있는 공공재가 된다면,
우리는 존중받으려 쩔쩔매지 않아도 된다.
그러니 존중을 공공재로 만들자.
서로에게 존중의 연료가 되어주자.
직급에 따라, 자산에 따라, 직업에 따라, 겉모습에 따라
선별적 존중을 보내는 것이 아니라, 자신에 대해서도 타인에 대해서도
조건 없는 공정한 존중을 보내는 것이다.

두 번째 축은 개인 스스로가 자존감에 대해
보다 본질적으로 이해하고 실천하며, 자기 내면의 힘을 기르는 일이다.
이를 위해서는 진짜 자존감을 구분하며
자존감의 의미를 이해할 필요가 있다.

자존감은 우월함에서 비롯된 우쭐함도 아니고
누군가에게 사랑받고 인정받아서 얻어지는 일시적인 만족감도 아니다.
'자존감을 올리는 세 가지 방법' 정도로 단순하게 요약될 수도 없다.

자존감의 본질은 자신에 대한 신뢰이자
행복을 누릴 만한 사람이라 여기는 자기 존중감이다.
이건 정신 승리로 얻어지는 것이 아니기에
아무것도 하지 않는데 자신을 신뢰하긴 어렵고,
자신의 신념과 반대되는 삶을 살면서 자신을 존중하기도 어렵다.
자존감은 스스로가 믿고 존중할 내면세계를 세우고
그 신념을 바탕으로 삶을 선택하고 행동하며 책임을 지는,
삶의 일련의 과정에서 얻어지는 내면의 힘이다.

그런데 여기에는 중요한 게 있다.
EBS 다큐프라임 〈아이의 사생활〉에서는
부모의 태도가 자녀의 자존감에 미치는 영향을 실험했다.
실험에 참여한 아이들에게는 퍼즐 조각이 주어졌는데
과제를 어려워하자 자존감이 낮게 평가된 아이의 부모는
대신 해결해주려 했고, 자존감이 높게 평가된 아이의 부모는
아이가 스스로 해결할 수 있도록 기다려주었다.

자존감의 재료인 자기 신뢰와 존중은
사소할지라도 문제를 해결하고 목표를 달성하는
성공 경험이 축적될 때 생겨난다.
그리고 실험에서 보여주듯이 중요한 건
그 주체가 자기 자신이 되는 일이다.

스스로를 충분히 의식하지 못한 채,
타인과 사회의 시선에 질질 끌려 사는 것으론
결코 자존감에 닿을 수 없다.
그렇기에 단단한 자존감을 세우기 위한 첫걸음은 분명하다.
'나답게 살아가는 것.'

그럼, 나다운 삶에 다가가는 법에 대해 알아보자.

+

빨로빨로미.

타인을 통해 자존감을 구하는 건
자기 삶의 통제권을 내던지는 일이다.

나다운 삶을 찾을 것

드라마에서 남자 주인공이
"너답지 않게 왜 이래?"라고 말하면,
여자 주인공은 도끼눈을 하고 이렇게 대답한다.
"나다운 게 뭔데?"

그러게나 말이다.
이 유명한 클리셰만큼이나
나답게 살아야 한다는 건 익히 들어 알겠는데,
나다운 게 뭔지 도통 알 수가 없다.
왜 우리는 나다운 게 무엇인지 잘 알지 못할까?

발달심리학자 제임스 마샤는
자아정체성의 성취 정도에 따라
정체성을 네 가지 유형으로 구분했다.
그 네 가지 유형은 성취, 탐색, 폐쇄, 혼미 정체성인데,

연구에 따르면 한국인은 대다수가 낮은 정체성 지위인
폐쇄지위(74.4%)에 놓여 있었다.*
폐쇄지위란 기존의 사회 가치 체계를 그대로 순응하고 전념한 유형인데,
이론에 따르면 이처럼 정체성 지위가 낮은 곳에 있는 이유는
위기의 부재에 있었다.
인생에 위기가 없었다니 뭔 소리인가 싶을 수도 있지만,
여기서 말하는 위기란 보이스피싱을 당하거나
월요일 아침 출근 시간에 폭우가 쏟아지는 일이 아니라,
목표, 가치, 신념에 대해 자문하며 투쟁한 적이 없음을 의미한다.

그렇다면 왜 우리는 투쟁하지 못했을까?
이는 자신에 대한 탐색과 자문의 과정을 권하지 않는
사회 문화에서 비롯됐다.
우리의 핵심 도덕이었던 유교에서 개인은
주변 환경과 관계 속에서 상호 의존적인 존재였다.
개인의 정체성은 역할에 따라 결정되었고,
자문과 탐색보다는 주어진 도리와 이상적 인간상을 배우고
실천하는 것이 중요했다.

* 삼성생명공익재단 사회정신건강연구소, 「한국인의 자아정체성에 관한 연구」(2007)

사회가 요구하는 인간상에 맞추는 것을
아름다운 삶이라 여긴 것이다.
그렇기에 우리는 자신만의 삶의 방식과 철학을 세우기보다는
사회나 부모가 요구하는 기준에 맞춰 사는 것에 더 익숙했다.
그 결과 많은 이들이 자신의 신념과 철학은커녕
자신에 대한 윤곽선도 또렷이 그려내지 못했다.
그리고 이 상황을 끝까지 해결하지 못하는 결정적인 문제는,
자율성을 허락하지 않는 교육에 있다.

어린 시절, "너는 아직 어리기 때문에 어른을 따라야 한다"라는 말은
아이가 나약하고 열등한 존재임을 각성시켰다.
많은 부모는 아이의 나약함과 열등함을 이유로
자율성을 허락하지 않았는데,
이건 아이가 어른이 되는 과정을 빼앗는 일이었다.
정답지만을 손에 쥐고 과정 없이 어른이라는 결과만 남은 이들은
스스로 판단하고 결정 내리는 것을 두려워하기에
어른이 되어서도 답을 알려줄 누군가를 찾아 헤맨다.

그러나 법륜 스님도, 오은영 선생님도
당신이 누구인지 알려주지 못한다.

프리랜서가 된다고 해서 나다운 것도 아니고
특이한 취향을 가졌다고 해서 나다운 것도 아니다.
자신에 대한 이해를 바탕으로
스스로 판단하고 결정하며 삶을 일구는 것이 나다운 삶이다.

그러니 제갈공명이 옆방에 살지라도
우리의 자율성과 결정권을 위임해서는 안 된다.
오직 과거라는 당신의 데이터베이스와
실수라는 오답 노트,
그리고 내면의 나침반을 믿고 스스로 나아가야 한다.

그 고민과 위기의 순간을 지났을 때,
비로소 스스로가 신뢰하고 존중할 수 있는
나다운 삶이 시작될 것이다.

직접 길을 찾지 않으면
언젠가는 길을 잃게 된다.

더 이상 삶의 질문을
유예하지 않을 것

대학에 강연을 하러 가면 꼭 받는 질문이 있었다.
"내가 좋아하는 일이 뭔지 모르겠어요."
그런 그들에게 되묻고 싶은 질문은,
"좋아서 해본 일이 있나요?"
해야 해서 한 일이 아닌, 좋아서 한 일이 얼마나 있었나.
우리 대부분은 학창 시절 일단 공부하고, 일단 대학에 가고,
일단 스펙을 쌓는 것을 요구받았다.
입시 경쟁과 취업난 속에서
자신의 욕구를 끊임없이 억누르도록 교육받은 이들이
자신이 좋아하는 걸 어떻게 알 수 있겠는가.

아이의 정체성과 자존감을 관찰하는 한 방송 프로그램에
주변 사람들을 잘 돕는 소위 '착한 아이'가 나왔다.
제작진은 아이에게 하고 싶은 일을 물었는데,
아이는 '엄마 심부름하기', '아빠 세차 돕기' 같은 걸 답했다.

이에 남을 위한 것이 아닌 자신을 위해 하고 싶은 것은 무엇인지 묻자,
아이는 답하기 어려워했다.

오랫동안 해야 하는 일들에 매몰되어 자신의 욕구를 억눌러온 사람은
자신이 무엇을 좋아하는지, 무엇을 원하는지
자신에 대한 감각을 잃게 된다.
그렇게 자신이 원하는 삶은 영원히 발견되지 않은 채,
미지의 영역으로 남게 되는 것이다.

만약 이를 원치 않는다면,
해야 할 일이 아닌, 자신의 감각과 욕구를 되찾아야 한다.

당신이 좋아하는 것에 대하여.
당신이란 존재에 대하여.
이제 유예했던 삶의 질문들에 답해야 할 순간이다.

당연했던 것에
질문할 것

한 마을에 부부와 시어머니, 한 살배기 아들이 살고 있었다.
밭일을 나간 며느리가 점심때가 되어 돌아오니
치매 걸린 시어머니가 닭죽을 끓여 놓았다고 했다.
감사한 마음으로 솥을 열어보니
그 안에는 닭이 아닌 아들이 들어 있었다.
노망이 난 시어머니가 손자를 닭으로 착각하고
가마솥에 넣어 삶은 것이었다.
이를 본 며느리는 마음을 추스른 다음
닭을 잡아 시어머니께 닭죽을 끓여 드리고 죽은 아이를 뒷산에 묻었다.
〈그것이 알고 싶다〉에 나올 만한 이 아이 유기 사건은
놀랍게도 조선 시대에 효부상이 세워진 미담이다.

지금 생각하면 도저히 이해되지 않는 이야기가
미담으로 전해질 수 있던 이유는 무엇일까.

당시에는 개인의 감정을 극단적으로 억압하고
사람의 도리라는 이름의 의무를 다하는 것이 미덕이었다.
이것은 아무리 울화가 치밀어도 화합을 위해 희생을 강요하는
통치 이데올로기이자 윤리 규범이었다.

나의 어린 시절에도 미덕이 있었는데 바로 근면 성실이었다.
비가 오나 바람이 부나 몸이 아프거나 다쳐도
빠짐없이 학교에 가면 개근상을 줬고,
칠판 위에는 '근면 성실'이라는 급훈이 쓰인 액자가 걸려 있었다.

왜 그랬을까?
근면 성실을 최고의 미덕으로 배운 건
우리 사회가 제조업 기반의 사회였던 것에 있다.
제조업에서는 창의력이나 개성보다
근면함과 성실함이 가장 필요한 자질이었으니 말이다.

그렇게 선별되고 교육되는 미덕으로
아이가 솥에 삶아져 죽었는데도 눈물 흘리지 않은 엄마는
감정 불구의 아동학대 방조범이 아닌 의연한 효부가 되고,
열이 펄펄 끓어도 학교에 나오는 학생은 타의 모범이 되며,
소크라테스가 '악법도 법이다'라고 말했다는 유언비어가 퍼지기도 하고,
이슬람 국가에선 자유연애를 했다는 이유로
딸을 죽이는 것이 명예를 지키는 일이 되기도 한다.

사회가 연출한 미덕이 괴담을 미담으로,
자기 착취를 모범으로,
폭력을 명예로 만든 것이다.
사회의 미담과 통념은 그 사회와 시대의 결과물일 뿐,
불변의 진리는 아니다.
그럼에도 사람들은 여전히 이를 당연한 것으로 여기며
그 틀에 자신을 밀어 넣는다.

하지만 우리 삶을 지탱하기 위해 필요한 건
어느 순간 주입된 통념이 아닌 스스로가 세운 신념이다.
그러면 우리는 어떻게 해야 할까?

경제학을 배우기 위해 미국으로 유학을 갔던 이의 말에 따르면,
대학에 브레인 워싱 클래스Brain Washing Class라는 것이 있었다고 한다.
지금까지 배운 경제학 지식은 모조리 틀렸으니
두뇌를 세척하자는 수업이었다.

기존의 이론을 답습하는 게 아니라,
그 이론들을 지우고 한계를 찾아내며
새로운 답을 구하는 것이었다.

우리 역시 당연한 것들에 질문을 던져보자.
우리가 믿어온 것이 정말 우리 내면의 목소리인지,
아니면 어느 순간 의심 없이 따라온 타인의 목소리인지 묻자.
믿어왔던 진리에 대하여 질문할 때
우리는 당연의 세계에서 벗어나 앞으로 나아갈 수 있다.

통념의 자리에 우리의 신념을 채우기 위해
우리에게도 브레인 워싱 클래스가 필요하다.

당신을 가둔 사람은 없어요.

누구의 기대를 위해서도
살지 않을 것

나는 회사에 다니지 않는다.

대단한 포부나 큰 결단이 있었던 건 아니다.

쓰고 싶은 글이 있었고,

회사에 다니는 문제는 일단 책을 쓰고 나서 생각하기로 했다.

그러다 문득 난 어떻게 그런 중요한 결정을

이리 쉽게 내릴 수 있었을까 하는 의문이 들었다.

생각해보면,

내가 그럴 수 있었던 건 부모님의 양육 방식 덕분이었다.

나는 살면서 부모님의 강요에 부딪힌 적이 없었다.

내가 어떤 선택을 내릴 때 의견을 주시긴 했지만,

결국은 내 선택대로 할 수 있게 해주셨다.

게다가 중학교 시절까지 공부는 안 하고 만화책만 본 나와 달리

언니는 전교 1, 2등을 하는 우등생이었지만

단 한 번도 언니와 비교당한 기억이 없다.

그 덕분에 나는 부모님에게 인정받지 못할까 두려워하지 않았고,
스스로 결정을 내리는 것에 익숙했다.

물론 그런 내게도 부모님에게
번듯한 모습을 보여드려야 한다는 부담감은 남아 있었다.
하지만 그 부담감도 일찍이 잘라냈는데
부담감이 크다고 사랑까지 큰 건 아니지 않은가.
20대 중반의 어느 날, 나는 밥을 먹다가
"나한테는 기대를 버리고, 하숙생이라 생각하세요"라고 말했다.

당연히 욕을 먹었으니, 기껏 키워놨더니 그게 할 소리냐고 하셨다.
하지만 그 뒤로도 계속 날 하숙생으로 생각하라고 말했다.
물론 나라고 왜 아이유 같은 딸이 되고 싶지 않겠는가.
가능하다면야 나도 부모님께 유자식상팔자를 보여드리고 싶고
그게 안 된다 해도 내가 할 수 있는 최선을 다할 마음이 있다.
내게 가장 소중한 존재니 말이다.
하지만 내가 부담감에 짓눌려 산다고 부모님이 행복한 것도 아니고
부모님을 실망시키지 않기 위해 안절부절못한다 해도
안 되는 건 안 되는 거다.

우리는 그저 한 개인으로서 자신의 삶에 책임을 지고 살아갈 뿐이다.

그 삶이 부모님 기대에 맞을 수도 있고 아닐 수도 있지만,

부모님의 기대를 충족하기 위해서 살아가는 건

욕심이자 강박일 뿐.

내 삶을 감당하는 것이 나의 몫이라면

자식이 부모 마음대로 살 수 없다는 사실을 깨닫는 건 부모님 몫이다.

우리를 짓누르는 것이

부모님에게 받은 경제적인 지원에 대한 채무감이라면

살며 최선을 다해 갚으시라.

하숙비를 내야 하숙생이 되는 거다.

하지만, 우리 삶까지 저당 잡혀 살지는 말자.

우리가 기대에 부응하기 위해 애써야 할 존재는

결국 나 자신일 뿐이다.

기승전 마이웨이

나 외엔 무엇도
되지 않을 것

초등학교 2학년 때, 장래 희망을 말하는 시간이 있었다.
나는 퀴리 부인에 대해 어디선가 주워듣고는
퀴리 부인과 같은 여성 과학자가 되고 싶다고 말했다.
실상 나는 정자와 난자 시절부터
과학자와는 거리가 멀게 태어난 사람이지만,
초등학교 2학년의 나는 그런 공수표를 남발해도 괜찮았다.
아홉 살짜리 꼬마가
구체적으로 물류회사에서 구매를 담당하고 싶다거나
회계 관리를 맡고 싶다고 하는 게 더 이상한 일이 아닌가.

그런데 문제는 나이를 먹어서도 우리의 꿈이
'무엇을 할 것인가'가 아니라
'무엇이 될 것인가'에 머물러 있을 때 발생한다.

피부과 의사 한 명과 우연히 대화를 나눈 적이 있다.

그는 서울에 있는 의대를 나와
강남에서 피부과 전문의를 하고 있었다.
그런데 대화를 나누는 동안, 의사가 아닌 한 개인으로서
그에게 어떤 개성이나 철학도 느끼지 못했고,
오히려 성장하지 못한 아이 같다는 느낌마저 받았다.
문득 그에게 지금 행복하냐는 질문을 했다.
그러자 그는 1초의 망설임도 없이 "아니"라고 답했다.
남들이 보기엔 그럴듯한 직업을 가졌다고 할 수 있겠지만
그는 더 좋은 학벌을 갖지 못함에,
더 큰 병원에서 일하지 못함에 아쉬워했다.

사회적으로 인정받는 직업을 가진 이들도
실제론 행복하지 않은 경우가 많다더니 그가 그런 사람이었다.
열심히 공부하는 것에 매달려 청소년기를 보냈던 그는
'의대에 갈 수 있어서' 의대에 갔다고 한다.
다른 생각을 할 여유는 없었고
빡빡한 의대 생활과 인턴 및 전공의 과정을 거쳐 지금에 이르렀다.

그런데 그는 왜 행복하지 않을까?
그는 사회적 지위와 경제적 안정, 주변 사람들의 인정을 좇았다.

하지만 자신의 내면은 바라보지 못했고,
이는 그의 내면을 공허하게 만들었다.
그런 그에게 중요했던 건 의사가 되는 것이었다.
자신의 공허한 내면과 희미한 정체성을 채우기 위해
의사라는 직업적 정체성에 기댄 것이다.

그런데 그는 여전히 행복하지 않았다.
의사가 되면 해결될 거라 여겼지만
더 큰 병원과 더 높은 연봉과 더 좋은 배경을 갈망했고,
텅 빈 내면은 외적 가치로 채워질 수 없었다.

물론 한 개인에게 직업은 단순히 돈벌이만을 의미하지 않는다.
하지만 직업이란 보다 자기다워지는 일이지,
없는 자아를 창조하는 일은 아니다.
시작이 되는 눈 뭉치가 있어야 눈덩이를 굴릴 수 있다.
내면은 돌보지 못한 채 외면의 가치만을 좇는 한
언제나 비교 속에서 살 뿐, 결코 진짜 행복과 자존에는 닿을 수 없으니.

우리에게 절실한 건 우리를 증명할 명함이 아니라
누구에게도 증명할 필요 없는 나 자신이 되는 것이다.

우리는 나 자신 외엔 아무것도 될 필요 없어요.

세상의 정답에
굴복하지 않을 것

동네 커피숍에서 우연히 초등학교 원어민 강사인 캐나다인과
대화를 나눈 적이 있다.
그녀는 내게 우리나라에 와서 이상하게 느낀 점을 이야기했는데,
한국 사람들은 Smart student를 Good student라고 생각한다는 것이었다.
그녀가 봤을 땐 공부를 못해도 Good student일 수 있고,
공부를 잘해도 Good student가 아닐 수 있는데 말이다.

우리가 흔히 생각하는 Smart = Good이라는 등식에
그녀는 의문을 가지고 있었다.

'잘 산다'의 의미 역시 비슷한 맥락을 갖는다.
'잘 산다'고 할 수 있는 요소에는 경제적인 기반 외에도
건강한 신체와 좋은 인간관계,
삶의 철학과 예술을 즐길 수 있는 심미안,
일을 통해 느끼는 보람 등 다양한 가치가 있다.

그렇지만 우리에게 잘 사는 것,

이른바 웰빙Well being이란 오직 부자인 삶,

Rich의 의미로만 이야기된다.

왜 우리는 그 많은 가치를 잊은 채

한 가지 가치로만 수렴하도록 프로그래밍된 것일까?

아마도 6·25 심성*과 반공 이데올로기가 지대한 영향을 끼쳤을 테다.

더는 침략당하지 않고, 절망을 대물림하고 싶지 않았던 6·25 심성은

군대식 문화와 획일화된 통제를 따르게 했고,

반공 이데올로기는 다른 답을 논하는 것 자체를 불순하게 만들었다.

집단이 강요하는 한 가지 방식과 한 가지 답을 견뎌온 것은

어떻게 해서든 살아남아야 했던 우리의 생존 방식이었다.

이렇게 뿌리내린 생각은 몇 세대를 걸쳐 이어졌다.

'100억 달러 수출, 1000달러 소득' 같이

계량화한 한 가지 목표에 매진하게 했던 사회 방식은

'5kg 감량, 토익 900점 달성' 같은

개인의 삶의 방식으로 자리 잡았고,

---

* 강준만 교수는 『한국인 코드』라는 책에서 6·25 전쟁 시절을 살듯이 '죽느나 사느냐' 식의 처절한 삶을 살고 있는
한국인의 삶을 이야기하며, 전쟁하듯 세상을 살고 있는 한국인 의식 심연에 자리 잡은 그 무엇을 '6·25 심성'이라고
표현했다.

획일적인 사회 모습은 한 가지 답을 좇는 사회 군상으로 남았다.
그래서 우리 사회에서는 체지방 17%에 48kg이어야 하고
밝고 겸손한 성격이어야 하며
좋은 대학을 나와 대기업에 가야 한다.

높은 기준의 단일화된 정답을 이야기하며
정답에 대한 병적인 찬사와 오답에 대한 노골적인 모욕을
서슴지 않는다.
그 속에서 졸지에 오답이 된 개인은
혼자 힘으로 그 부적절함을 견뎌야 한다.

그 결과 우리에겐 정답이 된 소수의 오만과
오답이 된 다수의 열패감으로 응축된 병적인 사회가 남았다.
영국의 저널리스트 다니엘 튜더는
한국이 교육, 명예, 외모, 직업적 성취에서
스스로를 불가능한 기준에 획일적으로 맞추도록
너무 큰 압박을 가하는 나라라 이야기하며,
이룰 수 없는 목표를 요구한다는 점에서
한국을 '불가능한 나라The impossible country'라 평했다.
우리가 생각하는 '이상적인 나'는 과연 가능한possible 존재인가.

모두가 날씬할 수 없고
모두가 사람들이 좋아하는 성격일 수 없고
모두가 명문대를 나와 대기업에 갈 수는 없다.
아니, 모두가 그렇다면 그거야말로
〈은하철도 999〉에 나올 법한 비정상적인 행성일 뿐이다.

만약 사회가, 세상이 당신에게 어떤 정답을 강요한다면
당신은 그 이유를 물어야 한다.
합당하지 않은 정답에 채점되어 굴복하지 말아야 하며
그 정답들에 주눅들어 스스로의 가치를 절하해서는 안 된다.

좋은 학생에는 여러 정의가 있고
잘 사는 것에는 여러 방법이 있으며
우리는 각자의 답을 가질 권리가 있다.
우리는 오답이 아닌, 각기 다른 답이다.

헤비메탈이 진리라 생각하는 이는
비틀즈에게도 헤비메탈만을 요구하겠지만,
헤비메탈을 하지 않아도 비틀즈는 비틀즈다.

안목을 기를 것

20대 초반에 인생의 노하우 같은 것을 모아둔 책을 읽은 적이 있다.
그중 한 꼭지는 저렴한 옷 여러 벌을 사지 말고
한 벌의 좋은 옷을 사라는 이야기였다.

시간이 지나 옷장을 보니 그 말이 떠올랐다.
세일한다고 무작정 산 겨울 코트와
내 몸은 생각하지 않고 쇼핑몰 피팅 모델 사진만 보고 산 치마와
다른 어떤 옷과도 화합을 이루지 못한 재킷이 있었다.
그렇다고 지난 쇼핑을 후회하는가 하면 그렇지는 않다.

그땐 여러 옷을 입어보고 실패하며
내게 어떤 스타일의 옷이 어울리는지
어떤 옷을 골라야 하는지
나만의 취향과 안목을 만들어가는 시기였다.

만약 당신도 여러 번의 실패를 경험했다면
그만큼 잘 어울리는 옷을 찾기 위해 고군분투했다는 의미다.

그러니 그 실패에 머무르지 말고,
실패를 통해 길러낸 안목과 취향으로
내게 가장 좋은 한 가지를 찾아내자.

삶이란 결국 내게 가장 잘 어울리는
질 좋은 옷 한 벌을 찾는 일이다.

+

그녀에겐 단발머리가 진리라는 사실은
그에겐 댄디룩이 가장 잘 어울린다는 사실은
내겐 살구색 블러셔가 잘 맞는다는 사실은
새로운 시도를 통해 발견됐다.

시도하지 않는 삶이란

출항하지 않는 배와 같다.

개인의 취향을 갖출 것

예전 남자친구는 아트센터에서 하는 공연 티켓을
정기적으로 구매해 관람하길 좋아했다.
대부분 해외에서 초청된 공연으로 현대 무용이나 행위 예술 같은
공연이 많았는데, 그는 여자친구인 내가 함께 가길 원했다.
하지만 나는 몇 번을 가도 플라멩코 공연을 제외하곤 재미가 없었다.
팸플릿을 읽어도 무슨 의미인지 이해가 안 됐는데,
나는 난해함보다는 명료함을 좋아하는 사람이었다.
그래서 내 취향이 아닌 것 같으니
이제 다른 사람과 가라고 했다.

취향이란 그런 것이다.
누군가는 현대 무용을 보며 감탄하고,
누군가는 원피스 피규어를 보며 감탄하고,
누군가는 HBO의 〈왕좌의 게임〉을 보며 감탄한다.

어떤 이들은 취향에 고하를 나누고
같은 취향을 강요하는 실수를 저지르지만,
취향의 차이는 우열의 증거가 아니며 강요할 수 있는 영역도 아니다.

삶을 풍요롭게 하기 위해서는 자신의 취향을 찾아야 한다.
그리고 이를 위해선 자기 감각에 솔직해져야 한다.
타인의 평가나 시선에 강요받거나
SNS에 인증하기 좋은 것을 쫓아다녀서도 안 된다.
자신의 취향을 깊이 향유하기 위해
안목을 키우는 노력도 필요하지만,
취향 자체는 개발하는 것이 아니라 느끼는 것이다.

나는 공연보다는 전시가 좋고
슬픈 영화보다는 유쾌한 오락 영화가 좋고
스테이크와 와인의 조합보다는 돼지갈비와 비냉의 조합이 좋다.
우리 각자에게 필요한 건
자기소개서 '취미' 란에 적어낼 그럴듯한 취향이 아니라
일상을 풍요롭게 할 개인의 취향일 뿐이다.

삶의 멋과 낭만은 그곳에 있다.

님들, 취존 좀.

진짜 나 자신을
대면할 것

사실 나는 한번 감정이 크게 상하면 잘 잊지 않았다.
'쟤는 이기적이야.'
'그 친구는 앞뒤가 달라.'
'저 사람은 무례해.'
꼬리표를 붙이고, 미워하는 마음을 품었다.
상대를 '나쁜 사람'으로 규정하니,
그 사람을 미워하는 것도 마땅하게 느껴졌다.

그리고 더 솔직히 고백하자면 내가 잘못한 일에 대해선
'내가 철이 없었다', '인간적으로 할 수 있는 실수였다'
정도로 여기곤 했다.

그런데 문득 과거를 곱씹다가
왜 상대의 잘못은 철이 없던,
인간적인 실수로 여기지 못했을까 하는 생각이 들었다.

사실 못난 마음이야 누구에게나 있고 실수는 늘 벌어지며
내가 서툴렀던 것처럼
상대 역시 그저 서툴렀던 건데 말이다.
아무래도 제일 악당은 내가 아니었을까.

그동안 나는 내가 좋아하는 면들만 '나'라고 생각했다.
누군가를 미워하며 나는 잘못 한 점 없는 완전한 사람처럼 굴었고,
내가 좋아하지 않는 나의 다른 면들이 드러날 땐
(못 본 척), (모른 척) 지나갔다.
내가 좋아하지 않는 면들은 내가 아닌 척 위장했던 거다.
나는 나 자신에 대해 얼마나 오만했는가.

분석심리학의 창시자 카를 구스타프 융은
개인이 숨기고 싶어하는 성격의 총합을 '그림자'라 이야기하며,
누구나 그림자가 있다고 주장했다.

그의 말에 따르면 그림자는 완전히 제거될 수 없으며
건강한 내면을 갖기 위해서는 그림자와 화해하는 것이
최선의 방법이다.

우리는 한 사건에 대하여 한 가지 감정만 갖는 게 아니며
누구나 인정하기 싫은 찌질함과 이기적인 마음, 흑역사가 있다.
그런데 내면의 그림자를 보기 싫다고 모른 척하면
마음에는 내가 출입할 수 없는 공간들이 생겨나게 된다.

그러면 자기 개념은 뒤죽박죽이 되어
자신을 제대로 인식할 수도, 통제할 수도 없게 된다.

우리가 보다 건강한 내면을 키우기 위해서는
자신의 부족한 모습까지 자각하고 반성하며
받아들이는 것이 필요하다.
그러니 자신의 싫은 면들도 인정하자.
있는 그대로의 자신을 만날 때,
감춰둔 욕망에 허용치를 둘 수 있고
그 허용치만큼 자신과 타인에 대해 관대해질 수 있다.

외면과 변명을 멈추고
내가 좋아하는 나와 내가 싫어하는 내가 통합된
진짜 자기 자신을 대면하는 순간,
우리는 비로소 오만한 인간이 아닌
인간적인 인간으로 살아갈 수 있다.

+

우리는 누군가가 완벽하지 않아서 싫어하지 않는다.
완벽한 척하는 그 오만함에 질리는 거다.

자신이 빛날 수 있는
자리에서 살아갈 것

중학생 때 친구와 관공서로 봉사 활동을 하러 갔다.
그때 우리에게 주어진 일은 서류 항목을 리스트로 정리하고
몇몇 숫자들과 대조하며 오류가 있는지 확인하는 작업이었다.
나는 그때나 지금이나 숫자와 친하지 않았기에
서류들을 보는 순간 피곤해졌다.
지루함을 견디며 굼벵이 속도로 일을 하고 있었는데
함께 갔던 친구는 금세 문서 정리를 깔끔히 끝내고는 "재밌다"고 말했다.
그런 친구가 신기해서 물으니,
오류를 찾으며 하나하나 정리해가는 것에 성취감을 느꼈다고 했다.
그 뒤 친구는 세무학과에 진학했고, 지금은 세무서에서 일하고 있다.
어디서든 일 잘하고 꼼꼼한 직원으로 평가받을 게 분명하리라.

한 개인이 자신의 삶을 존중하며 살아가기 위해선
자신의 재능에 대한 이해와
이를 실현할 수 있는 직업 선택이 중요하다.

그렇지 못했을 때 견뎌야 하는 건 일의 고단함뿐 아니라,
무가치하게 느껴지는 자기 자신이기 때문이다.

그런데 많은 이들은 재능을 찾으라 하면
예술적이거나 특수한 직업만을 떠올리기도 하고
엄청난 재능만이 가치 있다고 여기는 듯하다.
그 생각에 갇히면
자신의 재능과 장점에 충분히 주의를 기울이지 못하게 된다.

재능의 크기는 점점 늘려갈 수 있는 것이고,
그 크기에 따라 다른 역할을 할 수도 있다.
예를 들면, 글을 쓰는 모든 사람이 신춘문예에 도전할 필요는 없다.
재능의 크기보다 중요한 건
자신이 어떤 재능을 가졌는지 구체적으로 아는 것이다.

그렇다면 재능이란 무엇일까?
내가 생각하는 재능이란,
어떤 일을 남보다 쉽게 할 수 있는 능력이다.
그건 몇 가지 재능에 국한된 것이 아니다.

어떤 이에겐 서류를 잘 정리하는 게 재능이고
어떤 이에겐 모르는 사람과도 즐겁게 이야기할 수 있는 게 재능이고
어떤 이에겐 눈썰미가 좋은 게 재능이고
어떤 이에겐 남의 이야기를 잘 들어주는 게 재능이다.
이러한 재능은 그림을 그리는 것이나 노래를 부르는 것처럼
쉽게 눈에 띄진 않는다.
그렇기에 자신의 재능과 장점을 발견하기 위해 충분히 주의를 기울이고,
자신의 재능에 적합한 직업 혹은 자리를 찾아야 한다.

당신이 무엇을 좋아하는지,
남들보다 쉽게 할 수 있는 것은 무엇인지 적어보자.
잘 모르겠다면 적성 검사나 다중지능 검사를 해볼 수도 있다.
다양한 방법을 통해 자기 자신을 알아가야 한다.

그 과정을 통해 당신이 원하는 것과
잘할 수 있는 것 사이의 교집합을 찾자.

재능이 없는 사람이 있는 게 아니라,
재능을 알아보지 못하는 사람만 있을 뿐이다.

태블릿PC 구입기

할 수 있는 것

그림 그리기

영상 만들기

일정 관리하기

...

실제로 하는 것

유튜브 시청

성능보다 중요한 건 활용이다.

그 어떤 좋은 말도
스스로 검증할 것

인터넷에서 자료를 검색하다
한 다큐멘터리 방송에 나왔다는 인터뷰를 보았다.

"적어도 서울 상위권 대학에 들어가면,
이런 연봉을 받고 서울 이 정도 지역에서
이 정도 형편으로 쭉 살아가는 겁니다.
성공이라는 게 곧 행복이잖아요.
대한민국에서 성공하기 위해서는
좋은 대학을 가는 게 첫 번째인 것 같습니다."

한마디로 좋은 대학에 가면
앞으로의 인생이 보장된다는 말이었다.
이 말은 진실을 포함했다.
다만 30년 전의 진실.

사회는 점점 예측하기 어렵고 경쟁은 치열하며
웬만큼 좋은 대학을 나와도 인생은 보장되지 않는다.
게다가 대학과는 별개로 큰 성공을 거둔 사람도 많다.
그런데 어디서 이런 심플한 행복론이 나왔을까.
이건 한 입시학원 원장의 말이었다.
그럼 이 말로 가장 큰 이익을 볼 사람은 누구인가.
그것 역시 입시학원 원장이 아닐까.
지금쯤 원장의 말을 따른 학생 중
몇 명이나 성공으로 행복에 닿았을까.

이미 유명한 '마시멜로 실험'은
교육학과 심리학 분야의 고전적 실험이다.
아이에게 마시멜로를 주고
15분 동안 먹지 않고 참으면 두 개를 주기로 했을 때,
기다리지 못하고 마시멜로를 먹은 아이들에 비해
기다린 아이들이 훗날 공부도 더 잘하고,
잘 먹고 잘살게 되었다는 이야기.
이 실험은 '미래의 행복을 위해서 현재의 행복을 지연시켜야 한다'는
교훈의 근거로 쓰이곤 했다.

그러나 다른 해석도 많은데,
이 실험의 변수가 인내심이 아니라
아이가 자란 환경의 안정성과 신뢰도,
그리고 마시멜로 하나에 연연하지 않아도 되는
경제적 수준에 있다고 보는 거다.
발표된 실험 결과를 철석같이 믿었지만 그게 전부는 아니었다.

세상에는 성공에 대한 저마다의 공식이 넘쳐나고,
소수만 아는 우주의 비밀을 찾아냈다는 사람들과
성공하는 법을 알려주는 것으로 성공한 사람들의 이야기가
복음처럼 울려 퍼진다.

물론 모든 이야기에는 부분적 진실이 있다.
그러나 성공이란 각자의 개성과 상황,
시기와 운이 맞물려 벌어진 일이기에
하나의 변치 않는 공식으로 도출될 수 없다.
그렇기에 권위에 기댄 지엽적 진실과
질소로 채운 과자 봉지처럼 효용을 부풀린 자기계발 이론과
추종자를 만들기 위한 누군가의 욕심에 대해
스스로 충분히 검증하고 판단하는 과정을 거쳐야 한다.

이 과정을 멈추는 순간,
우리는 누군가의 도구가 될 수 있으니.

맹신이 아닌 배움을,
흉내가 아닌 창조를,
추종이 아닌 성장이 필요하다.

+

자등명법등명(自燈明法燈明).
저마다 스스로를 등불로 삼고 자기를 의지하라.

때론 우리를 구하는 건
믿음이 아닌 의구심이다.

Part 3

불안에 붙잡히지 않기 위한
to-do list

걱정은 내일의 슬픔을 덜어주는 것이 아니라
오늘의 힘을 앗아간다.

_코리 텐 붐

삶이라는 모호함을
견딜 것

나는 점 보는 것을 좋아한다.
나의 유흥이자 취미 생활이랄까.
심지어 최근에는 직접 명리학을 공부하기도 했다.
그럼 점은 얼마나 맞는 걸까?

이 책을 준비하던 시절,
친구들과 점집에 간 적이 있다.
그때 점쟁이의 말을 요약하자면,
'책은 무조건 망할 테니 굶어 죽기 싫으면
정신 차리고 회사나 가라.'

당시로선 너무 우울한 점괘였지만,
책이 망하지 않은 걸 보면,
나보다 그 점집이 먼저 망하지 않을까 싶다.

물론 무릎을 칠 만큼 정확한 곳도 있었지만,
한날한시에 태어난 쌍둥이조차 같은 인생을 살지 않고,
아무리 용한 점술가도 자신의 점괘를 100% 확신할 수는 없다.
정해진 운명이라는 게 있다 하더라도,
영화 〈매트릭스〉에서 미래를 보는 오라클이
네오가 선택받은 자임을 미리 알려주지 않는 것처럼
길을 아는 것과 그 길을 걷는 것은 다른 일이다.

결국 점이라는 건 홍삼 가루가 첨가된 홍삼 캔디처럼
약간의 진실이 함유된 추측일 뿐이며,
슈뢰딩거의 고양이가 살았는지 죽었는지는
상자를 열기 전까진 누구도 알 수 없는 것이다.

그럼에도 우리는 삶에 확신을 얻고 싶어 점을 본다.
하지만 노스트라다무스가 관 뚜껑을 열고 나온다 해도
미래는 장담할 수 없다.
그건 점쟁이가 내공이 없어서,
혹은 복채나 정성이 부족해서가 아니라
삶의 본질이 모호함에 있기 때문이다.

확신이 필요한 당신에겐 미안하지만
10년 동안 타로, 사주, 신점을 가리지 않고
숱한 기여를 하고 내린 결론을 말하건대
삶이란 결국,
모호함을 견뎌내는 일이다.

+

결국 점을 보는 이유는
"다 잘될 거예요"
그 한마디를 듣기 위해서다.
점쟁이 대신 믿으시게. 자신의 힘을.

누구도 어찌할 수 없는 부분까지 염려하며

완벽한 안전을 얻고자 하는 건,

멸균 공간에서 냉장되어 살아가길 바라는 것과 같다.

삶의 안정감은

불확실을 완벽하게 제거해서 얻어지는 게 아니라

불확실과 맞서며 얻어진다.

잘 하고 있고,
잘 해낼 거예요.

자신만의 문제라고
착각하지 말 것

어린 시절 나는 금실 좋고 화목하며

무한한 사랑을 주는 부모님이 있는 집을 정상적인 가정으로 여겼다.

그래서 부모님이 다투는 걸 보면

우리 집은 '비정상적인 가정이 아닐까?' 생각하곤 했다.

하지만 나이를 먹고 보니 대부분의 집이 갈등과 문제를 지니고 있었다.

사실 가족은 가깝기에 더 큰 갈등을 겪을 수 있고,

원래 사람은 복잡한 존재니, 문제가 있는 것도 당연하다.

하지만 미디어의 연출된 모습과

사람들이 겉으로 보여주는 그럴듯한 모습을 보며

무엇 하나 결핍되지 않은 이상적인 상태가 정상이라 착각한다.

그리고 그 착각의 결과,

(남들이 알지 못할 뿐) 보통의 개인은

(사실) 자신은 부족한 존재라 여기며

내면의 가장 밑바닥에 열등감을 숨겨 놓는다.

하지만 비정상적인 건 과연 무엇일까?

소수인 쪽이 비정상이 되는 걸까?

한 톨의 결핍도 없는 상태가 정상이라면

과연 결핍 없는 삶은 존재하는가?

프로이트가 규정한 정상의 기준이

약간의 히스테리, 약간의 편집증, 약간의 강박증이듯

정상이란 완전무결한 것이 아니라

약간의 상처, 약간의 결핍, 약간의 부족함을 의미할 테다.

삶에는 여러 형태가 있으며

우리는 각자 다른 모습으로 살아가는 소수의 존재일 뿐.

(사실) 당신이 어떤 가정 환경에서 자랐건

(사실) 당신이 어떤 문제와 결핍을 가졌건

초라해지지 말자.

그 무엇이건 다 정상이다.

+

사람들은 불행을 꼭꼭 숨겨두기에 모를 뿐

세상에 보편적이지 않은 불행은 없다.

원치 않는 일이 닥쳤을 때,

그것을 불운으로 여기는 사람이 있는 반면,

해프닝으로 여기는 사람도 있다.

행복은 이 지점에서 결정된다.

미래에 대한 엉터리 각본을
쓰지 않을 것

한동안 별일 아닌 일에도 걱정을 반복한 적이 있다.

미리 걱정해두면 막상 문제가 벌어졌을 때 안도감이 들어서 그랬다.

예를 들어 기침이 계속 나와 폐병을 걱정하며 병원에 가면

독감쯤은 다행스럽게 느껴지는 것처럼

안도감을 얻기 위해 과장된 걱정을 했던 거다.

그런데 마음이라는 건 신기하게도 중간 과정 없이 반복돼서

나중에는 기침만 해도 폐병에 걸린 듯 벌벌 떨게 된다.

그렇게 왜곡된 걱정은 습관이 되고

최악의 상황을 홀로 리허설하며 탈진하게 된다.

그런데 일어나지 않은 일을 앞서 걱정하는 건

핵전쟁이 일어날까 두려워 땅굴에서 살거나

쓰지도 않을 물건을 대량 구매했다가

유통기한이 지나 쓰지도 못하고 버리는 것과 마찬가지 행위다.

불행을 예방하는 게 아니라, 불행을 앞당겨 올 뿐.
삶의 낭비이자 비합리적인 일이다.
그럼 어떻게 해야 이 낭비를 줄일 수 있을까.

걱정은 대체로 비합리적이고 지나치게 부정적인 생각에서 촉발된다.
그렇기에 과장된 걱정에서 벗어나는 방법은
막장 드라마 급의 개연성을 가진 왜곡된 생각을
바로잡는 것에서 시작한다.

당신의 걱정을 들여다보자.
일어날 확률이 낮은 최악의 경우를 떠올리고 있지는 않은가?
겨우 기침을 단서로 폐병을 염려하고 있지는 않은가?
날조된 미래에 붙잡혀 지금을 망치지 말자.

당신의 괴로움은 당신이 쓴 엉터리 각본 때문이다.

우리는 미래의 불행을 걱정하지만,

가장 큰 불행은 걱정으로 현재를 망치는 것이다.

사람에게는 마술적 사고라는 원시적 사고가 있다.
예를 들면 일기 예보가 없던 원시 시대엔
비가 멈추지 않거나 태풍이 불어닥치는 일은
갑작스럽고 두려운 일이었다.
원시인들은 신이 노한 탓에 비가 그치지 않는다고 생각해
처녀를 제물로 바쳤다.
사실 비는 때가 되면 그칠 테고,
그들의 제물은 결코 비구름에 영향을 끼칠 수 없다.
그러나 그들은 상황을 통제할 수 있다고 믿음으로써 안심한 거다.
이렇듯 통제할 수 없는 상황에서 생겨난 불안과 두려움,
공포를 달래기 위해 동원되는 것이 바로 마술적 사고다.

나도 순수했던 어린 시절, 학교에서 반공 교육을 받은 뒤
1년 동안 잠들기 전에 전쟁이 나지 않게 해달라고
기도한 적이 있다.

나의 기도가 국제 정세에 어떤 영향도 끼칠 수 없음에도
기도를 해야 안심하고 잠자리에 들 수 있었다.

원시인 혹은 열 살짜리 꼬마가 아님에도
우리는 여전히 마술적 사고에 기댄다.
홍수를 막기 위해 처녀를 제물로 바쳤던 것처럼
전쟁을 피하기 위해 매일 밤 기도를 했던 것처럼
자신이 통제하기 버거운 일 앞에서
그보다는 쉬운 가짜 해결책을 믿고 안도하는 것이다.

그래서 사람들은 암 치료를 위해 사이비 교주를 찾아가기도 하고
데이트 폭력을 일삼는 연인의 변명을 믿기도 하며
문제가 현실에서 나타나고 있는데도 모른 척하기도 하고
행복과는 상관없는 일에 맹목적인 노력을 기울이기도 한다.

그러나 가짜 해결책으로 도망칠수록 진짜 해결책에 다가서지 못하고,
본질적으론 어떤 것도 해결되지 않는다.
시간이 지나면 괜찮으리라 믿고 싶지만,
미뤄놓은 숙제를 내가 잠든 사이에 요정들이 대신해주지 않듯이
시간이 해결해주지 않는 문제도 있다.

만약 당신이 어떤 지점에서 계속 벗어나지 못하고 있다면,
그동안 가짜 해결책에 매달리고 있던 건 아닌지
문제의 실체를 제대로 마주하지 못했던 것은 아닌지 되돌아봐야 한다.

결국은 두려웠던 문제의 실체와 마주하고
걱정을 계획으로 대체해야 한다.
물론 그 시간이 버겁고 힘들 수 있다.
하지만 진짜 해결책을 위해 발을 내디딜 때,
우리는 비로소 진짜 자유로워질 수 있다.

+

광복,
당신 내면에 의식의 빛을 되찾는 일.
오랫동안 붙들려 있던 당신에게 해방을.

지나온 길을 돌아볼 때 필요한 건

후회가 아닌 평가이고,

앞으로의 길을 내다볼 때 필요한 건

걱정이 아닌 판단이다.

과민해지지 않을 것

친구가 교통사고를 당한 적이 있다.
횡단보도를 건너는데 멈춰 있던 차가 갑자기 달려들었다고 한다.
초보 운전자의 실수였는데 다행히 크게 다치진 않았다.
그런데 나는 그 이야기를 들은 후
길을 건널 때면 차가 멈춰 있어도 불안했다.

불안이란 과거의 부정적이고 공포스러운 경험으로 인해
다시 그 일이 반복될지도 모른다는 막연한 예감이다.
산전수전을 다 겪으면
웬만한 일에는 의연한 어른이 될 것 같지만
부정적 경험의 누적량도 많아지기 때문에
나이를 먹을수록 불안감도 커질 수밖에 없다.
그리고 그 부정적 경험은
친구의 사고에서 불안감이 전이됐던 것처럼,
간접적으로도 영향을 받을 수 있다.

우리는 불안할 일이 너무 많은 세상에서 산다.

미디어에서는 각종 사건 사고를 생생하게 전달한다.

건강 프로그램을 보면 예방하고 조심할 게 한두 가지가 아니고

불안정한 경제는 삶의 무엇도 보장하지 않는다.

사람들은 날 서 있고

인터넷 커뮤니티에는 온갖 진상에 대한 제보로 넘쳐난다.

이렇게 너무 많은 변화와 위협을 보고 들은

우리의 마음은 쉴 새 없는 불안으로 과민해졌다.

그리고 과민해진 마음은 실제로 벌어진 상황과

우리가 생각하는 것 사이의 경계를 무너뜨리고,

큰 일이 아닌 상황에도 비상사태가 일어난 듯 불안에 떨게 한다.

문제가 생겨서 불안한 것을 넘어,

불안 자체가 문제가 되는 지경에까지 이르는 것이다.

그렇기에 조금은 둔해질 필요가 있다.

지나치게 과민해진 스스로에게 말해야 한다.
과거에 일어난 별개의 일일 뿐이고
꼭 나쁜 쪽으로 흘러가리란 근거는 없으며
당신이 충분히 감당할 수 있는 일이라고.

긴장을 풀고 당신의 머릿속 세계가 아닌
진짜 당신의 세계로 귀환하라.

당신이 실제로 경험한 삶은
당신의 불안보다 평화로우며,
당신은 당신의 생각보다 강하다.

맛을 좋게 하는 양념도
지나치면 요리를 망친다.

충분히 슬퍼할 것

우리는 살면서 많은 것과 이별한다.
때론 소중한 사람과 이별하고
사랑받지 못한 채 지나가 버린 어린 시절과 이별하고
자신이 품었던 이상과 이별하고
젊음과 이별하며
자신이 믿어온 한때의 진실과 이별한다.
이 모든 이별에는 길든 짧든 애도가 필요하다.

애도란 마음의 저항 없이 충분히 슬퍼하는 일이다.

그런데 우리는 고통을 마주할 용기가 없어
억지로 외면하거나 억누르고
혹은 자신의 마음을 미처 이해하지 못해
자기 자신에게 슬퍼할 기회를 주지 않는다.

하지만 감정은 틀어막는다고 해서 사라지지 않기에
프로이트는 충분한 애도를 하지 못했을 때,
우울증이 발생한다고 했다.
애도의 과정을 거치지 못한 상실은 씻겨 내려가지 못한 채,
우울이라는 웅덩이에 고이고
우리를 앞으로 나아가지 못하게 하는 것이다.

만약 이유를 알 수 없는 우울함이 내 안에 머무르고 있다면
우리는 그 실체를 찾아야 한다.
꽁꽁 숨어서 한눈에 보이지 않을지라도
질문하며 단서를 찾고 탐문하여 그 실체에 다가서야 한다.
물론 실체를 안다 해도 수사의 종결이지 사건의 종결은 아니겠으나,
실체를 객관화하는 것만으로도 감정에 압도되지 않을 수 있고
우리는 충분히 애도할 기회를 얻는다.

그러니 당신의 심연에 묻는다.
당신은 무엇과 이별하였는가.

당신이 미처 슬퍼하지 못한
어쩔 수 없었던 그 모든 것에 애도를 보낸다.

중요한 것에 대하여   많은 것에 대하여

깊게 생각하는 것   얕게 생각하는 것

문제의 실체를 만나기 위해선

생각의 양이 아닌 깊이가 필요하다.

힘이 들 땐
힘이 든다고 말할 것

나는 힘들다는 말을 잘 하지 않는 타입이다.
남에게 힘들다고 말하지 않을뿐더러
스스로도 힘들다고 잘 생각하지 않는다.
말하고 나면 더 힘들 것 같아서 늘 '괜찮다'고 했다.

그런데 이렇게 힘이 들어도 힘들지 않은 척 감정을 묶어두면
자신의 마음에 대한 감각은 무뎌진다.
그 무뎌진 감각은 다른 감정들도 무디게 만들고,
스스로가 한계점에 부딪히는 것도 모른 채
때론 착취되는 자신을 방치하게 한다.

그렇기에 누가 알아주지 않더라도,
상황은 변함없더라도
힘이 들면 힘들다고 투정 부려야 하고
못 버티겠으면 잠깐은 멈춰 설 줄 알아야 했다.

언제나 괜찮다며 마음을 다잡을 수는 없으며
늘 강한 사람일 수도 없다.
그러니 인생의 마찰력이 버거울 때,
책임감에 익사할 것 같을 때,
집에 돌아온 순간 눈물이 날 때,
"나도 이제는 힘들다"라고 말하라.

누구도 당신을 대신 지켜줄 수 없고,
견디기 버거운 희생은 자기 학대일 뿐이다.
조금은 이기적이어도 괜찮고 조금은 무책임해도 된다.
책임감을 논하며 질식할 때까지 스스로를 방치하는 것만큼
자기 자신에게 무책임한 일은 없다.

+

그런 의미로 졸라 힘들었습니다.

마음은 모른 척해서 괜찮아지는 게 아니라

알아줘야 괜찮아진다.

충분한 과정을 거칠 것

일명 그랜트 스터디Grant Study라는 연구가 있다.
하버드 대학에서 1930년대부터 사람의 전 생애를
추적하고 연구한 실험으로 행복에 어떤 조건이 있는지를 연구했다.
총책임자인 조지 베일러트 교수에 따르면,
인생의 성공과 불행을 결정하는 갈림길은 무의식적 방어기제,
쉬운 말로 하자면 '인생의 고통에 어떻게 대응하는가'에 달려 있었다.
그는 정신병적인 방어기제, 미성숙한 방어기제,
신경증적 방어기제, 성숙한 방어기제로 구분하였는데,
정신에서 일어나는 대부분의 문제는
방어기제를 현명하게 발달시키지 못한 거라 했다.

그런데 여기에 나를 혼란에 빠트린 방어기제의 예시가 있었으니,
그대로 옮겨오자면
아이를 간절하게 원한 한 가상의 여성이 반복되는 임신 실패 끝에
자궁경부암 진단을 받아 자궁을 들어낸 상황이다.

그녀는 마취에 깨어난 후 유감스럽게 생각하는 대신,
이번 고통으로 인해 도처에서 고통받는 사람들과
더 잘 교감하게 되었다고 말했다.
그녀는 내면적으로 굉장한 행운을 경험했다고 느꼈으며,
암을 조기에 발견하여 수술을 무사히 끝낸 것도
신의 은총이라고 생각한다고 했다.

자, 그럼 이 사례는 성숙한 방어기제일까, 미성숙한 방어기제일까?
답은 미성숙한 방어기제였다.
그런데 마치 해탈과 득도를 한 듯한
그녀의 태도가 왜 미성숙한 방어기제일까?

이는 얼핏 보면 '승화'와 같은 성숙한 방어기제로 보이기도 하지만
실은 '해리'라는 방어기제로,
극도로 감당하기 어려운 상황에서
자신을 아예 다른 인격으로 분리하는 걸 말한다.
그러니까 성숙한 방어기제인 척하고 있는
미성숙한 방어기제인 것이다.
그렇다면 실제로 성숙한 것과
성숙한 척하는 것은 어떻게 구분할 수 있을까?

차이는 충분한 내면의 과정을 거쳤는지에 달렸다.
슬픔을 받아들이는 과정과
자신에게 벌어진 사건을 해석하는 과정과
용기를 내어 현실을 수용하는 과정 말이다.

내면의 과정 없이 포장지만 흉내 내는 건
스스로를 속이는 일일 뿐, 해결책이 되지 않는다.

요즘은 어디를 가나 비슷한 이야기를 한다.
자신을 존중하라고,
자신을 있는 그대로 받아들이라고,
자신을 사랑하라고 말한다.

맞는 말이다.
우리는 마땅히 스스로에게 그런 대접을 받아야 한다.

하지만 그 마음은 그런 척하는 행동으로,
혹은 어설픈 최면술로 만들어지는 게 아니다.
충분한 내면의 성장 과정을 거쳐야만 가능한 것이다.

자신을 비난하려는 마음을 끈질기게 설득하고
과거의 상처에서 걸어 나오며
본래의 자신을 마주하고
내면의 힘을 다져야 한다.
자기 사랑의 지도는 이 과정을 통해서 완성되는 것이다.

물론 이 과정은 결코 쉽지 않다.
하지만 그 지루하고 지난한 여정을 견뎌낸 사람만이
자신의 삶을 완성할 수 있다.

우리, 이제 더는 자신을 사랑하는 척하지 말자.
자신을 정말 사랑해보자.

나는 내가, 그리고 당신이
그러했으면 좋겠다.

불안하다고
무작정 열심히 하지 말 것

생각해보면 나는 대학을 졸업한 뒤
꽤 많은 것을 하며 열심히 살았다.
공모전에서 수상도 했고,
돈을 내고 수상한 단체의 리더십 프로그램에도 참여했고,
21세기의 인재가 되기 위해 한 달간 코딩을 배우기도 했다.
지나고 보니 지금 내 일에 도움도 안 되고
기억도 나지 않는 일들을 참 열심히도 했다.

물론 세상에 쓸모없는 경험이 어디 있으랴.
스티브 잡스가 타이포그래피를 배워둔 것이
훗날 애플 디자인에 영향을 끼친 게 아니더냐.
하지만 시간은 무한으로 있는 것이 아니고,
자신의 전문 영역이 있어야
부수적인 경험도 빛을 보는 거다.

우리는 가만히 있으면 도태되는 것 같은 세상에서 살기에
뭐라도 열심히 해야 할 것 같아서 뭐라도 하고
거기에서 안도감을 얻는다.

하지만 기억나는 건 오직 'Hello world' 뿐인 어설픈 코딩 실력과
어떤 자격도 증명하지 못하는 허술한 자격증과
뭘 했는지 기억도 안 나는 활동들로는 삶의 무엇도 보장되지 않고
그 안도감 역시 쉽게 증발한다.

세상에는 우리의 불안을 이용해
이익을 얻으려는 사람들이 도처에 널려 있고,
뭣이 중헌지를 모르면 현혹되는 법이다.
그러니 단지 열심히 살아가는 자신을 증빙하기 위해
사람들의 무리에서 떨어지지 않기 위해
불안에 쫓겨 열심히 하는 건 그만두시라.

대신 원점으로 돌아가자.

당신은 어떤 존재인가?
당신의 삶을 위하여 무엇을 할 것인가?

그 목적을 세우고 방법을 찾자.
당신의 목적을 충분히 의식하고 실천하는 것.
진짜 안도감이란 그곳에 있다.

무작정 열심히 달린다고
목적지에 도달하는 건 아니에요.

문제를 안고도
살아가는 법을 배울 것

살다 보면 원치 않은 일들이 일상 위로 투하될 때가 있다.
그리고 어떤 일들은 딱히 해결책이 존재하지도 않는다.

다시 되돌릴 수 없는 일. 과거의 실수가 현재의 발목을 붙잡는 일.
오랜 시간 돌보며 그때그때 덧나지 않도록 관리해야 하는 일.
그런 일들이 들이닥칠 때,
손상된 삶 따위는 내팽개치고 싶다는 생각이 든다.

인생도 닌텐도 게임처럼 리셋하고 다시 시작될 수 있다면
얼마나 좋을까.
이번 생은 망한 것 같으니, 죽은 듯이 살아가야 할까.

내게도 그런 순간이 있었다.
하지만 그런 생각을 하다가도 끝에는
'그래도 나는 살아가고 싶다'는 결론에 닿았다.

몇 가지 사건들로
내 삶 전체를 포기하는 건 너무 억울했고,
남들이 보기엔 내 삶이 별거 아닐지라도
내겐 전부이므로.

언젠가의 드라마 대사처럼
나는 여전히 내가 애틋했고 내가 잘되길 바랐다.

당신도 그럴 수 있다.
너무 지쳐서, 나 자신이 지긋지긋해서, 감당하기 힘들어서,
그런 나 자신을 내팽개치고 싶을 수 있다.
하지만 내가 아닌 누구도 내 삶을 대신 돌봐주지 않는다.
상처가 생겼다는 이유로, 마음에 차지 않는다는 이유로,
누구의 돌봄도 받지 못한 채 내 삶이 홀로 울고 있다면
그건 너무 미안하지 않은가.

그러니 살다가 어떤 불행을 마주한다 해도
충분히 슬퍼하고 괴로워했다면
그 원치 않는 사실과도 함께 살아가는 방식을 익히자.

당신의 고단함이 별것 아니라서
혹은 다들 그렇게 사니까, 같은 이유가 아니라
당신에겐 가장 애틋한 당신의 삶이기에
잘 살아내기를 바란다.
진심으로.

우리가 할 수 있는 최선은
지금 이 순간을 충실히 사는 것뿐이다.

Part 4.

함께 살아가기 위한
to-do list

사람들이 작당해서 나를 욕할 때도 나는 이렇게 생각했어요.
'네놈들이 나를 욕한다고 해서 내가 훼손되는 게 아니고,
니들이 나를 칭찬한다고 해서 내가 거룩해지는 것도 아닐 거다.
그러니까 니들 마음대로 해봐라.
니들에 의해서 훼손되거나
거룩해지는 일 없이 나는 나의 삶을 살겠다.'

_ 김경, 『김훈은 김훈이고 싸이는 싸이다』 김훈 인터뷰 중에서

서로에게
최소한의 예의를 보일 것

실종된 후 사체로 돌아온 한 남자에 관한 이야기가
뉴스와 인터넷을 뜨겁게 달군 적이 있다.
한동안 네티즌들 사이에서는 그 사건이 자살인가, 타살인가,
본인 과실로 인한 사고사인가를 두고 온갖 추측이 난무했다.
하지만 자살이든 타살이든 본인 과실로 인한 사고사이든
비극이 아닌 것이 무엇일까?
이방인에게는 달동네도 낭만이고,
여행자에겐 가난도 경험이고,
제3자에겐 누군가의 비극도 가십거리가 된다.

그렇게 우리는 때때로 일면식도 없는 사람들의 이야기에
애정 없는 호기심을 멈추지 못한다.
하지만 그게 나의 이야기가 된다면, 우리는 허락할 것인가?
우리에겐 타인의 사생활을 알 권리가 없다.

내 인생이 누군가의 도마 위에 오르는 것이 싫다면
타인의 삶 역시 보호되어야 한다.
타인의 삶은 지켜주지 않은 채
나의 삶만 배타적 보호 구역으로 지정할 수 없는 것이고,
나에 대해서는 잊혀질 권리를 주장하며
타인에 대해서는 알 권리를 주장할 순 없다.

타인의 사생활에 호기심을 접어두는 것.
그건 내 삶을 지킬 수 있는 전제이자
우리가 인간으로서 서로에게 보여줄 수 있는
최선의 배려일 것이다.

결혼은? 취업은? 연애는? 저축은?
사람들은 이런 질문이 불편하다고 착각한다.
사실은 질문이 불편한 게 아니다.
그 질문 뒤에 내려지는 나에 대해 타인의 판단이 불편한 거다.

자신들의 방식과 다르다는 이유로
나를 잘못된 사람으로 만드는 시선과 판단.
자신에 대해서도 잘 모르면서
타인에 대해선 심리학자이자 프로파일러이자
가장 중립적 비평가로 둔갑하여 너무나 쉽게 판단한다.

그러나 누군가 이차 방정식을 이해하지 못한다면
문제는 이차 방정식이 아닌 그 사람의 이해력 부족에 있듯이
누군가 우리를 이해하지 못한다면
그것 역시 우리의 문제가 아니라 상대의 이해력 문제일지 모른다.

그러니 그들에게 쩔쩔맬 필요도 없고
모든 이에게 우리를 증명하려 애쓸 필요도 없다.

우리는 편협한 이들에게
이해받으려 사는 게 아니다.
당신의 삶은 당신의 것이다.

+

3인칭 시점을
전지적 작가 시점으로 여기는 오만은
언제나 진실을 오독하기 마련이다.

님들한테 이해받으려고

사는 거 아닌데요.

서로의 경계를
지켜줄 것

늘 밝은 모습의 친한 친구가 있다.

나는 대학 시절 과제 쓰나미에도, 회사의 철야 근무에도,

그 친구가 우울해하거나 힘들어하는 걸 본 적이 없다.

친구의 그런 모습에 다들 신기해했다.

과연 그늘 한 점 없는 인간이란 가능한가?

10년 넘게 본 친구로서 짐작하건대

친구는 그늘을 애써 숨긴다기보단

그늘의 면적이 남들보다 넓지 않은 것 같다.

체력도 좋고 자기 세계도 확고하고 예민하지 않다.

다만 친구에겐 넘어서지 않고 넘어오게 하지 않는

개인의 영역이 있는 듯하다.

그건 비밀이 많다거나 음흉한 사람이라 그런 게 아니다.

누구나 개인의 영역이 있는 것이고

안정감을 느끼는 경계의 범위가 다를 뿐이다.

과거의 우리는

'우리가 남이야?'라는 (당연히 남인데) 말로

경계를 침범하는 관계에 익숙했고,

그 경계를 침범하는 것을 친밀함의 관문으로 여기기도 했다.

하지만 경계에 대한 통증은 각자 다를 수밖에 없다.

모든 그늘을 낱낱이 확인하고

경계를 잃는 것만이 좋은 관계는 아니며

친구라는 이름으로 경계의 통행권을 무한정 요구할 수는 없다.

설사 누군가의 경계가 너무 두텁다 해도

그걸 타인이 밖에서 깨고 말고 할 것은 아닐뿐더러,

개인의 사적 영역을 완전히 헤집는 관계는

폭력적이기까지 하다.

그렇기에 좋은 관계란
서로의 경계를 존중하는 것이며,
좋은 우정이란
서로 친밀감을 느끼면서도
한편으론 안정감이 담보될 수 있는 거리에서
애정으로 함께하는 것이다.

+

모든 경계를 허물지 않을지라도
그녀는 내게 좋은 친구다.

경계의 침범을
친밀함으로 착각하지 말아요.

너그러운
개인주의자가 될 것

『미움받을 용기』라는 책이
한국과 일본에서 엄청난 베스트셀러가 된 적이 있다.
당시에 출판계에선 큰 이슈가 되었는데,
한국과 일본의 독자들이
이렇게까지 이 책을 많이 읽었던 이유는 무엇일까?
두 나라는 '행복 연구'에서 중요성을 나타내는 국가라 한다.
높은 경제 수준에 비해 행복도가 눈에 띄게 낮기 때문이다.

그리고 그 이유는 개인주의와 집단주의 개념으로 설명되곤 한다.
개인주의는 행복감을 느끼는 데 중요한 문화적 특성으로
개인주의가 발달한 국가일수록
소득과는 별개로 사회 구성원의 행복감은 높아진다.
반대로 경제 수준이 높다 해도 개인주의가 충분히 발달하지 못한 국가는
그에 상응하는 행복감이 따라오지 못한다.
초집단주의 사회인 한국과 일본이 이러한 경우다.

그렇다면 집단주의의 어떤 면이 개인의 행복을 가로막는 걸까?
집단주의 사회에선 집단의 목표와 화합을 개인의 자유보다 우선시하며
집단의 존속을 위해 개인을 통제하기도 한다.
그것만으로도 꽤 지치는 일인데, 더 큰 문제는 통제의 '내면화'에 있다.

사회가 개인을 통제하는 수단으로
개인주의 사회가 주로 개인의 '죄책감'을 사용한다면,
집단주의 사회는 주로 '수치심'을 사용한다.
죄책감이 스스로에 대한 부끄러움이라면,
수치심은 타인을 통해 바라본 자신에 대한 부끄러움이다.
그래서 우리는 서로를 통제하며
끊임없이 타인을 의식하고 자신의 행동을 점검하도록 요구받는다.
그 결과 "보란 듯이 잘 살겠다", "앞으로 지켜봐 달라"
같은 쓸데없는 말을 하는 거다.

이 과도한 타인 의식은 마음에 CCTV를 설치하는 일이라서
누군가가 나를 지켜보고 있다는 생각에
우리는 쉽게 긴장하고 불안해진다.
그렇기에 한국과 일본에서 『미움받을 용기』라는 책이
신드롬에 가깝게 팔려나간 건,
그만큼 타인의 시선을 두려워하며 살아간다는 방증이자
집단주의에 살고 있는 우리의 피로도를 보여준 것이다.

그런데 우리가 집단주의 사회가 된 이유로는
공동의 노동이 필요했던 농경 사회의 영향을 받았다는
추론이 지배적이다.
하지만 이젠 다 같이 모여서 벼농사를 짓고 살 것도 아니지 않나.

어쩌면 지금 우리에게 진짜 필요한 건
미움받을 용기가 아닌 너그러운 개인주의다.
무조건 물 건너온 서양 문화가 좋다는 게 아니라,
지금의 집단주의 문화에 균형과 보완이 필요하기 때문이다.
전체를 조망하는 기존의 시야는 유지하되,
서로의 개별성과 자율성을 허락할 수 있어야 한다.

게다가 연구에 따르면 개인주의는
반사회적 행동에 가까울 거란 통념과는 다르게
친절함과 관대함, 사회적 협동과 연결되어 있다.
있는 그대로의 서로를 존중하기에
더욱더 따뜻한 관계가 맺어질 수 있는 것이다.

이를 위해선 두 가지 변화가 필요하다.
하나는 타인의 삶에 대한 지나친 관심을 끊고 참견하지 않는 것인데,
이건 일종의 감수성을 키우는 문제다.
그리고 다른 하나는 타인의 반응에 과도하게 예민해지지 않는 것이다.
우리 모두에겐 훼손될 수 없는 개인의 영역이 있다.

각자의 삶의 방식과 가치관을 인정하며
모두 함께 살아가는 법을 배우자.
나 역시 완벽하지 않지만 노력하고 있다.

나와 당신이 조금 더 행복하기 위하여.
조금 더 자유롭기 위하여.
나에게도 타인에게도 너그러움을.

우리에게 필요한 건,

걱정이 아닌 존중과 응원.

일상에서 승패를
나누지 않을 것

대학교 OT 때 동기 여자아이와 대화를 나눴다.

그 아이는 서울에 있는 한 특수고 출신이었는데,

우리 과엔 그 학교 출신이 몇 명 있었다.

그게 신기했던 나는,

"A랑 B랑 동창이라며~ 같이 와서 좋겠다."

"아니, 별로 안 친했어."

"응? 왜?"

"다 경쟁자잖아."

앗, 하이틴 드라마 보는 줄.

그런데 그때는 내가 잘 몰랐을 뿐,

우리 삶에 경쟁적 인간관계는 이미 깊숙하게 들어와 있었다.

나 역시 학창 시절에 '성적을 올리는 비결'이라는 글을 읽은 적이 있다.

그 비결이라는 건 라이벌을 만들어서 그 사람을 떠올리며 공부하라는 것.

그래서 나도 한 친구를 라이벌로 생각하기로 했는데 얼마 가진 못했다.

어차피 전국에 나보다 공부 잘하는 사람은 수두룩한데
이 한 명을 이기는 게 어떤 의미가 있는지 알 수 없었고,
실상은 나와 관계없는 친구의 성취에 심술이 날 것 같았기 때문이다.
그런데 나는 받아들이지 않아서 다행이라 쳐도
얼마나 많은 아이들이 그 글을 읽고 라이벌을 만들었을까.

우정의 기초와 세상에 대한 신뢰를 다져야 했던 시절,
우리는 더 좋은 대학, 더 높은 성적을 위해
경쟁적 대인관계를 독려 받았다.
그건 타인을 신뢰하는 대상이 아닌 경쟁하는 대상으로 바라보게 했고,
우리의 공동체 의식을 말살시키며
사람과 세상에 대한 신뢰를 훼손시켰다.
그래서 우리 사회는 집단주의 사회임에도
OECD의 공동체 분야의 사회적 관계*에서
부동의 꼴찌를 차지한다.

개인주의가 뿌리내린 서구 사회보다도
공동체가 훨씬 빈약하다는 것이다.

* 사회적 관계(Social support network)는 그 사회 구성원들의 상호 지지 정도를 나타내는 지표로 곤경에 처했을 때 기댈 가족·친구가 있는지에 대한 질문에 긍정적인 답변을 한 사람의 비율을 따져 산출된다.

그 의미는 여전히 강력하게 남아 있는 집단주의 문화 속에서
타인의 시선에 맞춰 행동하긴 하지만,
그 시선에 신뢰나 유대는 없다는 뜻이다.
관계 속에서 질식할 것 같으면서도 고독한 낱개의 개인들만 남은 것.
그 사실이 우리를 힘겹게 한다.

그럼 이렇게까지 하며 우리가 얻은 것은 무엇일까?
경쟁적 인간관계가 파워풀한 경쟁력을 가지게 했을까?
나는 동의하지 않는다.
예를 들어 봉준호 감독은 자신의 영화에 완성도를 높였을 뿐,
마틴 스콜세지나 쿠엔틴 타란티노에게 이를 갈며
경쟁심을 불태워서 오스카상을 받은 건 아니기 때문이다.

만약 인간관계에서 한 톨이라도 손해를 참을 수 없게 되었다면,
사촌이 부동산을 알아보는 순간부터 아랫배가 아프기 시작했다면,
쉴 새 없이 승패를 나누고 있다면,
나도 모르게 경쟁적 인간관계에 익숙해졌는지 모른다.

하지만 지속되는 경쟁심은 우리를 녹초로 만들고 날 서게 할 뿐
경쟁심이 경쟁력을 보장하지는 않는다.

나 아닌 모두를 경쟁자로 여기며 자신을 달달 볶을 시간에
진짜 나의 일과 나의 세계를 만들자.

그리고 한 걸음 더 나아가
타인에 대한 신뢰를 회복하고
서로의 순위를 매기지 않는 공동체를 찾아야 한다.

그 안전한 울타리 안에서 자신의 세계를 다질 때
우리가 가진 힘과 가능성은 더욱 강해질 것이다.

누구도 당신의 행복을
훔쳐간 적 없어요.

미움받지 않기 위해
좋은 사람이 되지는 말 것

어렸을 때, 뒤에서는 욕하면서 앞에서는 웃는 사람들을
가식적이라 여겼던 나는 뒤에서도 욕하고 앞에서도 욕했다.
(물론 후회 중이다.)
그 덕분에 나는 적이 많았다.

그런데 만날 일조차 없는 사람이라 해도
누군가가 나를 싫어할 수 있다는 사실이 유쾌하진 않았다.
어른이 된 나는 좋은 사람이 되고 싶었다.
나에 대한 안 좋은 이야기를 한다는 말을 들어도 참으며
나만 악의가 없으면 되는 줄 알았다.
그러나 내 생각과는 다르게 나는 좋은 사람이 아니라
안 좋은 소리를 듣고도 아무 말 못 하는 사람이 되어버렸다.

그렇다면 나는 왜 좋은 사람이어야 하는가?
물론 나는 여전히 좋은 사람이고 싶다.

나 자신에게,
내 소중한 사람들에게,
내 도움이 필요한 사람들에게.

하지만 자기가 뭐라도 된 듯이
나를 함부로 평가하는 이에게
좋은 사람이 되려 애쓰는 건
자신에 대한 정당방위 기능마저 상실한 것뿐이다.
나는 대등한 존재일 뿐 약자가 아니며,
누군가가 나를 싫어한다 해도
그 사실이 나의 삶을 훼손하는 것은 아니다.

그러니 나는 더 이상 미움받지 않기 위해
좋은 사람이 되려 애쓰지 않을 것이다.

타인에게 상처 주지 않는 것은 중요한 미덕이지만
스스로를 지켜내는 건
스스로에 대한 책임이자 권리다.

+

To my enemies.
I will destroy you.

나를 또라이로 생각하니?
그래. 알면 조심해.

썩 꺼지렴

선빵 유죄
정당방위 무죄

부끄러워할 필요가 없는 일에
부끄러워하지 않을 것

엄마는 어릴 때 심한 열병을 앓은 뒤
구안와사 후유증을 얻게 되었다.
하지만 어린 시절 나는 단 한 번도
엄마 얼굴이 이상하다고 느끼지 못했다.
그러다 초등학교 3학년 때 엄마와 함께 소풍을 갔는데
같은 반 여자애가 우리 엄마가 이상하다고 말했다.

어린 시절의 나로 말할 것 같으면,
유치원에서 수영장에 놀러 가면
나 혼자만 몰래 숨어서 수영복을 갈아입었을 만큼
유난히 부끄러움이 많던 아이였다.
그러나 나는 엄마의 얼굴이 이상하다는 친구의 말을 듣고도
전혀 부끄럽지 않았다.
엄마의 얼굴에 열병 후유증이 남은 것을
어떤 부분에서, 왜 부끄러워해야 하는가?

한번은 친구 지인이 산후 조리원에 갔는데
어떤 사람이 남편 직업은 무엇인지, 집은 아파트인지 주택인지,
자가인지 전세인지까지 물어본 후에
몇 명하고만 연락처를 주고받았다고 한다.
철없는 초등학생도 아닌데 그런 사람들이 있다.
무례하고, 자기 기준에 따라 사람을 선별하는 이들.

더 큰 문제는 그 이야기를 들은 친구가 산후 조리원에 가게 되었을 때,
왠지 사람들과 거리를 두게 되었다는 것이다.
이것은 악순환.
꼴불견인 건 그들인데, 무고한 이들이 주눅들어
사람들을 경계하느라 보이지 않는 곳으로 숨어버린다.

하지만 우리는 무엇에 부끄러워해야 하는가?
정말 부끄러워해야 하는 건 누구인가?

그들이 자신의 편협함을 혹은 무례함을 혹은 속물 됨을
부끄러워하지 않았다는 이유로 우리가 부끄러울 이유는 없다.

"그 입 좀 닥치세요"
라는 말까지는 못 하더라도
우리, 부끄러워할 필요 없는 일에
부끄러워하지는 말자.

+

타인을 함부로 우습게 여기는 이들이
가장 우스운 존재다.

〈아는 형님〉에서 한 연예인이
제시의 가슴을 가리키며
"왜? 가짜야?"라고 하니,
제시 왈, "가짜든 말든 뭔 상관이야."

맞다. 무슨 상관이야.

네가 무슨 상관이야.

모든 사람과 잘 지내려
욕심내지 말 것

이웃 할머니가 친구네 집에 놀러 와
다음에도 가끔 집에 놀러 와도 되냐고 물었다.
친절했던 친구는 그래도 된다고 했다.
그랬더니 그다음에는 수상한 종교를 설파하는 손녀가,
그다음에는 손녀와 친구들이 불쑥 찾아왔다.

어딜 가나 친절한 사람을 난처하게 만드는 사람들이 있다.
그래서 때때로 친절에 브레이크를 걸어야 한다.
상대가 불편해할지라도 때론 거절해야 하며,
단호하고 깐깐하게 굴기도 해야 한다.

물론 그게 쉬운 일은 아니라서 나 역시도 종종 고민한다.
상대에게 내가 계속 좋은 사람으로 남아도 될 것인가?
나의 불편함의 크기는 용인할 수 있는 정도인가?

그런데 만약 좋은 사람으로 남았을 때
감당해야 할 불편함과 손해가 버겁다면,
혹은 마음에 원망이 생겨난다면,
기꺼이 깐깐한 사람이 되는 편이 낫다.
계산적인 사람이 되는 것과
자신의 정당한 몫을 지키는 건 전혀 다른 문제다.

게다가 내가 애써 지킬 만큼 상대가 좋은 사람이라면
나의 요구와 거절을 이해해줄 것이고,
나의 요구와 거절에 쉽게 빈정이 상하는 사람이라면
나도 그 관계를 지키려고 애써 노력할 필요가 없다.
우리는 타인의 몫을 넘보지는 않아야겠지만, 자신의 몫은 지켜야 한다.

그렇기에 모든 사람과 잘 지낼 수는 없다.
미안하지만 우리의 1순위는 언제나 우리 자신이다.

나를 소중히 여기는 사람은

애초에 내게 무리한 부탁을 하지 않아요.

생활 기스와
완전 파손을 구분할 것

새 핸드폰을 샀을 때 흠집이 나면
마음이 철렁 내려앉는다.
기능에 문제는 없지만, 실수로 생겨난 약간의 흠집들.
생활 기스는 아무리 잘 관리해도 피할 수 없기에
마음을 졸이고 우울해하는 것보단
어쩔 수 없는 일이라 생각하는 편이 낫다.
생활 기스를 완전 파손으로 분류하고
새로 구매한다면 남아나는 살림이 없을 테니까.

그런데 생활 기스는 모든 형태의 관계에도 적용된다.
아무리 좋았던 관계라 해도 흠집이 생길 때가 있고
문제 한 톨, 서운함 한 점 없기란 어려운 일이다.
물론 손상이 심하다면 새로운 관계를 찾는 편이 낫다.
하지만 살다 보면 생길 수도 있는 생활 기스 때문에
마음속으로 탈락을 외친다면 남아나는 관계 또한 없을 것이다.

관계 결벽증의 결말은 외로움일 뿐
결국 자기 혼자 손해다.

그렇기에 관계에 흠집이 갔다면 잘 살펴야 한다.
이 흠집은 우정 혹은 사랑이
더는 제 기능을 할 수 없는 완전 파손인지
아니면 관계의 밀도를 생각하며
너그러움을 발휘해야 하는 생활 기스인지 말이다.

+

Best friend만을 기대하며
Good friend의 가치를 잊지 말 것.

친구가 변한 게 아니라

우리 모두 더 자기다워진 것이다.

지금의 관계에
최선을 다할 것

10대에서 20대로, 그리고 다시 30대로 넘어오며
나의 친구 리스트는 몇 차례 개편이 있었다.
한결같이 높은 랭킹을 차지하는 친구도 있고
이제는 멀어져 연락처조차 사라진 친구도 있으며
새롭게 인연을 맺어 많은 부분을 공유하게 된 친구도 있다.

지나온 관계들을 곱씹어 생각하면
함께 실버타운까지 갈 것 같던 우정이 조기 종영을 맞이했을 때,
어린 시절의 친구들이 점점 줄어들 때,
그 관계를 유지하지 못한 것에 대한 자책감과 불안함이 든다.
내가 유난히 문제가 많은 사람인 걸까?
앞으로의 관계는 잘 지킬 수 있을까?

하지만 생각해보면 상대방에게도 한계가 있었듯이
나에게도 한계가 있었을 뿐이고,

살며 맺은 모든 관계를 누적시키며 살 수는 없기에
연약한 관계는 마모되어 사라졌을 뿐이다.

우리가 특별히 잘못된 사람이 아니라
알고 보면 우정의 종료는 누구의 삶에나 일어나는 보편적인 일이고
시절의 인연이 다한 것이다.

그러니 멀어진 인연에 대해 스스로를 지나치게 탓하지도,
남겨진 것에 겁먹지도 말자.
대신 지금 내 곁에 있는 사람들에게 좋은 사람이 되어주자.
지금의 나와 닮은 새로운 친구를 만나자.

당신이 누군가가 필요하듯이 누군가도 당신을 필요로 하며
완벽하지 않은 우리는
그렇게 서로에게 기대며 살아간다.

봄날의 벚꽃도

비온 뒤 무지개도

밤하늘의 별똥별도

영원하길 바라지 말고,

그 순간의 아름다움을 온전히 만끽하자.

그린라이트가 켜졌다면
직진할 것

우리는 종종 마음에 두고 있는 상대의 심중을 해석해
그린라이트 여부를 확인하고 싶어한다.
그런데 '상대가 나에게 연락하지 않는다'는 한 가지 행동조차

1. 손가락이 부러졌다.
2. 이미 다른 이성이 생겼다.
3. 중요한 일을 앞두고 매우 바쁘다.
4. 먼저 연락이 오길 기다리고 있다.

등 성향이나 상황에 따라 여러 다른 이유가 있을 수 있다.
한 가지 경우로 판단하기엔
언제나 사람 바이 사람, 케이스 바이 케이스인 거다.
그렇기에 어떤 연애 고수의 조언도
타로 카드 아줌마의 호언장담도
상대의 진심을 해석할 순 없다.

그럼에도 그 사람의 그린라이트 여부를 알고 싶다면?

가장 적절한 질문은

"그 사람은 나를 어떻게 생각하는가?"가 아니라

"나는 그 사람을 어떻게 생각하는가?"이다.

그 질문의 대답으로

"나는 그 사람이 좋다"라는 결론에 도달한다면

그것이 그 사람에게

전진해야 할 진짜 그린라이트가 될 것이다

+

되면 사랑하지 말고,

사랑하면 되게 하라.

나의 감정을 표현할 것

인터넷에서 돌아다니는 관계에 대한 글귀를 읽었다.
요약하자면,
화내지 않고 늘 맞춰주는 사람은
상대를 배려하고 있는 것이고,
최선을 다했기에 언제든 미련 없이 관계를 끊을 수 있다.
그러니 있을 때 잘해야 한다는 맥락의 글이었다.

이 글을 읽는데 이런 의문이 생겼다.
이게 정말 배려일까?
겉으로는 웃고 있지만
속으로는 퇴장을 알릴 옐로카드를 세고 있는
관계를 원하는 사람이 있는가.

여기서 문제는 '손절'의 여부라기보다는
표현하지 않는 것을 배려라 여기는 것이다.

자기표현을 두려워하는 이들은
공포의 해방구로 자신은 언제든 떠날 수 있는,
결정권을 쥔 사람이라 위안하며
오직 관계를 종료하는 것으로 분노를 표현한다.

표현을 못 하니 헌신하는 듯 보일 수 있지만
엄밀히 말하면 이는 배려가 아닌 수동공격적 태도다.
선량한 피해자인 자신이 무례한 상대에게 가하는 복수.

그럼 상대가 먼저 무례했으니 이런 공격쯤은 괜찮은 걸까?
네이트 판을 달굴 정도의 진상까진 아니라고 해도,
남에게 무례한 적이 없다고 장담할 수 있는 사람이 있을까?
우리는 상대의 무례를 기억하지만
상대는 그것이 무례인지 모르고 지나치는 것처럼
우리 역시 나 자신의 무례를 모르고 지나친다.
우리는 모두 서툴며, 무례의 기준은 저마다 다른 것이다.

그렇기에 중요한 건 서로의 감정을 알리는 것이다.
차를 후진할 때 벽에 가까워지면 경보음이 울리듯
우리도 자신의 허용치의 끝에 가까워졌다면 상대에게 표현해야 한다.

언제든 관계를 끊어도 상관없다 여기는 게 자존감이 아니고,
자기표현으로부터 도망치는 한
관계의 고통은 끝나지 않는다.

원활하게 표현하는 법을 배우고
건강한 관계를 기르며
그 안에서 자신의 삶을 일구는 것.

어려워도, 당장 원하는 답은 아닐지라도,
행복을 위해 우리가
배우고 나아가야 할 길이다.

배려는 표현의 유무가 아닌,
표현의 방식에서 나온다.

그럼에도 누군가와
함께할 것

최근 몇 년 동안 혼자서도 잘 지내는 법에 관한 책이 많이 나왔다.
그런데 정말 인간은 혼자 잘 지낼 수 있을까?

연세대 심리학과 서은국 교수의 책 『행복의 기원』에는
사람의 DNA가 생존을 위한 지침서라는 설명이 나온다.
책 내용이 인상적이라 소개하자면,
우리의 DNA에는 조상들의 생존에 대한 매뉴얼이 담겨 있는데
생존에 좋지 않은 행동을 하면 그 행동이 억제되도록
스트레스 시스템이 작동하고(스트레스의 원리),
생존에 좋은 행동을 하면 그 행동을 계속하도록
도파민이 팡팡 분비된다(행복의 원리).

그러니까 음식을 먹지 못하면 스트레스를 받고
맛있는 음식을 먹으면 행복한 건
생존을 위한 DNA 전략이라는 것이다.

그럼 우리 조상들에게 생존과
직결된 가장 중요한 문제는 무엇이었을까?
그건 음식과 인간관계다.
시조새가 공중 돌기 하던 시절로 거슬러 올라가보자.
무리 생활을 하던 조상들에겐 무리에서 이탈하는 건
곧 죽음을 의미했다.
그렇기에 인간관계에 금이 갈 때 느끼는 압박감과 스트레스는
본질적으론 생존에 대한 위협 신호다.

음식에 대한 불안이 크지 않은 현대인에게
인간관계는 가장 큰 스트레스 요소로 남았고,
강력한 위협 신호로 진이 빠진 사람들에게
혼자의 유용성과 기쁨을 설파하는 책은 매력적일 수밖에 없다.

사실 그 책들의 이야기가 맞다.
이제는 누가 나를 미워하거나 말거나
세상이 〈워킹데드〉의 세트장으로 변하지 않는 한
배고픈 순간에는 신용카드가 있고
위험한 순간에는 경찰이 있으며
만약의 순간에는 보험사가 있다.

신세계가 펼쳐진 거다.

그러니까 이젠 고독해도 그럭저럭 살아갈 수 있다.

DNA의 과민반응일 뿐, 좀 미움받아도 안 죽는다. (만세)

다만 이 기쁜 소식 가운데 한 가지 문제는

이 신세계에 맞춰 우리의 DNA는 업데이트되지 않았다는 것.

사람에게 인간관계는 생존을 위해 반드시 필요했기에

우리는 인간관계에 금이 갈 때 가장 큰 스트레스를 받고,

반대로 좋은 인간관계를 맺을 때 가장 큰 기쁨을 누린다.

이 멋진 신세계에 시대착오적일 수 있지만

우리는 어쩔 수 없이 누군가와 함께할 때 가장 행복하다.

이건 문학이 아닌 진화 심리학의 영역이며

감성이 아닌 본능적으로 그러하다.

그러니 혼자서도 행복할 수 있다며 어려운 길로 돌아가지 말고,

많은 사람 중 나와 주파수가 같은 누군가를 발견하라.

상한 음식을 먹고 탈이 났다 해서 식음을 전폐할 필요가 없듯이,

또라이를 만나 힘들었다 해서 모든 관계를 끊어낼 필요는 없다.

중요한 건 상한 음식을 골라내는 후각이고
진심 없는 인간들은 곁에 두지 않는 안목일 뿐.
당신에게 어떤 상황이 오든
당신을 이해하고 존중할 수 있는 우정을 찾자.

나의 부족함을 비웃지 않을 거라는 믿음.
그런 믿음이 가는 누군가에게
나 역시 믿음이 가는 누군가가 되어주는 것.

그것이 가장 좋은 안정제이자
행복이란 추상적인 단어의 가장 선명한 실체일 것이다.

+

약속 시간에 늦은 그에게 필요한 건
변명이 아닌 사과이고,
짝사랑 중인 그녀에게 필요한 건 타로 상담이 아닌 용기이며,
외로운 그에게 필요한 건
고독을 견디는 힘이 아닌 진실한 누군가이다.

삶이 서툴고

생각하지 못한 일들이 들이닥치는 순간,

설명하기 어려운,

혹은 설명하고 싶지 않은 일들에,

때론 요란한 위로가 아닌

사려 깊은 덤덤함이 고마웠다.

Part 5.

더 나은 세상을 위한
to-do list

모든 나라는 그 나라 국민 수준에 맞는
지도자를 가진다.

_조제프 드 메스트르

스스로를
비난하지 말 것

한 예능 프로그램에서 방청객을 인터뷰하는데
중학생인 아들이 엄마에게
"엄마, 내가 나중에 벤츠 사줄게"라는 말을 했다.
그 말에 엄마는 아들을 흐뭇하게 바라봤다.
물론 참 기특한 생각이다.
그런데 나는 좀 이상한 사람인지 어딘가 씁쓸했다.
미안한 이야기지만 그 아이는 엄마에게
벤츠를 사주지 못할 가능성이 크기 때문이다.
그 아이가 부족해서가 아니라
정말 특수한 경우가 아닌 이상 그렇다는 거다.

탯줄을 끊는 순간 돈줄이 연결된다는 말처럼
아이가 태어나는 순간부터 부모는 자식에게 많은 양육비를 쓴다.
치열한 경쟁을 뚫기 위해 높은 교육비도 부담한다.

대학에 가면 수천만 원의 등록금을 내야 하고
자취라도 했다간 집세와 생활비로
매달 몇십만 원은 부담해야 한다.

물론 형편에 따라 차이는 있겠지만,
자식들은 사회에 발을 내딛기 전까지 부모에게
엄청난 빚을 지는 것이다.
그래서 커서 벤츠를 사주겠다고 이야기한다.
부모님의 등골 브레이커가 됐으니
벤츠 정도는 사줘야 이 빚을 갚을 수 있을 것 같아서.

그런데 문제는 빚을 갚는 게 쉽지 않다는 데 있다.
취업이 어렵다. 사회 진출이 자꾸 유예된다.
5%만이 대기업, 공기업 등 안정적인 직장을 잡고
(그래도 벤츠는 못 사드린다),
대다수의 경우 취업을 해도 월급은 빠듯하다.

무사히 좋은 대학, 좋은 직장에 안착한 소수의 경우라 해도
결혼을 해서 신혼집을 장만할라치면,
담보로 영혼까지 털어와야 한다.

그 후 자식을 낳으면 나의 부모가 그랬듯
높은 교육비와 양육비를 지불해야 하니
이 사이클로는 부모님께 벤츠를 사줄 날은 오지 않는다.

그리고 이 상황을 더 악화시키는 문제는
아이들의 꿈과 가능성을 짓밟으면 안 된다며,
이런 이야기를 금기시하는 데 있다.
현실을 인식하고 대안을 찾아야 함에도
소수의 성공만을 논하며 미래에 대한 환상을 부풀린다.
그 결과 남는 건 어른이 된 이들의 박탈감과 당혹감이다.
꿈꾸던 놀이동산에 입장했지만,
탈 수 있는 거라곤 회전 바구니뿐인 상황이랄까.

사실 이 과정에서 우리는 어떤 잘못도 하지 않았다.

진짜 문제는 높은 양육비와 교육비, 주거비,
그리고 이를 감당할 질 좋은 일자리의 부족과
왜곡된 인식이지,
우리들의 일방적 잘못이 아니다.

사회에 발을 내딛기도 전에 빚을 잔뜩 안기는 사회,
그리고 그 빚을 갚을 방법은 내놓지 않는 사회에서
개인은 보통의 삶을 산다는 이유로
자신의 부족함을 탓하며 경제적, 정서적 빚을 안고 살아간다.

만약 당신도 열패감과 부채감에 시달려야 했다면
적어도 왜 빚쟁이가 됐는지는 알아야 한다.

그 사실이 실존의 빚을 탕감해주지는 않더라도
적어도 스스로를 비난해서는 안 된다.
우리를 빚쟁이로 만드는 세상이 병들었을 뿐.

우리가 잘못 산 게 아니다.

평범해서 죄송합니다.

죄인은 고개를 들라.

필요하다면 버틸 것

첫 회사에서 만나 지금까지 친하게 지내는 동기는
일 잘하고 성실하며 친절하다.
단, 상사나 사장이 자신을 무시하는 태도는 견디지 못한다.

한번은 몇 날 며칠을 야근하며 회사의 중요 업무를 마친 그녀에게
낙하산이었던 사장이 온갖 생색을 내며 성과급 20만 원을 주었는데,
그녀에게서 감개무량한 모습을 보지 못했는지
빈정거리며 "다시 뺏어버린다?"라고 말했다고 한다.
기분이 상한 그녀는 성과급과 함께 사직서를 들이밀었고
회사는 그녀를 만류했다.

내가 듣기에도 그 사장은 진상이었다.
이게 누굴 빙다리 핫바지로 보나.
하지만 나는 친구에게 아무리 그래도 사직서를 내지 말라고 했다.

그럼 친구에게 이렇게 말한 나는 어떤 사람인가.

회사에 다닐 때, 상사가 나에게

채용 공고에 지원한 실제 지원자 숫자를 두 배는 부풀리며

"지원자 엄청 왔어, 긴장해"라고 말했다.

네 자리는 언제든지 대체될 수 있으니 알아서 하라는 말.

그때 나는 "그럼 제가 나가드릴 테니, 새로 뽑으세요"라고 말했다.

물론 딸린 식구도 없고,

울고 싶은 사람 뺨 때리던 상황이라 가능한 말이었지만

유유상종이라고, 나도 그녀와 비슷한 타입이었다.

그럼에도 나는 그녀에게

앞으로는 그러지 말라고 했다.

그만두더라도,

스스로 준비되었다고 느낄 때 그만둬야 한다.

밥그릇을 놓고 협박하고 열심히 일하는 것 외에
비굴함까지 강요하는 상사가 아무리 졸렬하다 해도
그런 이들 때문에 내 삶의 방향을 수정할 필요는 없다.
그 이유로 그만둔다면
자신의 삶에서 그 사람의 영향력을 높이는 일이다.
그럴 만큼 대단한 존재인가.
물론, 그들의 말에 익숙해져서도 안 되며
무례함에 대해선 대응책도 필요하다.
그럼에도 당신에게 그곳이 필요하다면 버티자.

결정의 주인은 당신이며,
버티는 건 부끄러운 것도 비참한 것도 아니다.
다만, 그런 인간들보다 자신의 삶이 소중한 것뿐이다.

조바심은 버릴 것

아주대 사회학과 노명우 교수는 사회는 엄청난 속도로 변하는 것처럼
느껴지지만, 사실은 정말 천천히 변한다고 이야기했다.
그건 고도 비만인 사람이 3개월 동안 지옥의 다이어트로
표준 몸무게가 되었다 해도 꾸준히 관리하지 않으면
원래대로 돌아오는 것과 같은 원리다.

다이어트도, 개인의 삶의 문제도, 사회 문제도, 마음도,
한순간에 일어나는 혁명은 없고 변화는 영원한 것이 아니다.
요요 현상을 막기 위한 유일한 방법이 지속적인 관리이듯
때론 뒷걸음에, 때론 제자리걸음에 답답하고 조바심이 날지라도
변화를 위해선 지속적인 시간과 노력이 필요하다.
모든 일이 그랬다.

변화를 위해 가장 필요한 자질은
지치지 않는 것이다.

화상이 생겼을 때
흉터가 남지 않는 법

1. 연고를 바른다.

2. 자주 바른다.

3. 계속 바른다.

다른 방법은 없다.
상처를 치료하는 가장 좋은 방법은
매일 꾸준히 나아지려 노력하는 것이다.

때로는 중립기어를
활용할 것

나는 늘 야인으로 인터넷을 누볐지만,

비슷한 생각을 하는 커뮤니티를 갖고 싶다는 생각을 한 적이 있다.

당시 나는 정치 성향이 지금보다 분명했기에

한 정치 커뮤니티에 들어갔다.

과연 열 개 중에 아홉 개의 생각이 일치했고 꽤 재미있었다.

그런데 문제는 생각이 다른 나머지 하나에 대해서 의견을 쓰자

온갖 비난이 쏟아지는 거였다.

비난의 내용은 단순했는데, '남의 편'이 분탕질을 치러 왔다는 것.

졸지에 나는 프락치가 되었으니,

내 인생의 처음이자 마지막 커뮤니티 활동은 일주일 만에 마무리됐고

패잔병처럼 돌아온 나는 의문이 생겼다.

분명 학창 시절, 사회에 관심을 갖고, 참여하는 것이 옳다고 배웠는데

많은 사람이 사회에 관심을 갖고 참여함에도

왜 세상이 나아지고 있다는 기분이 들지 않는 걸까.

문제는 참여의 정도가 아닌 방식에 있었다.

사회적 합의를 찾아가는 것보다 '편 가르기'가 더 중요하게 되면,

논쟁은 우리 편이냐, 남의 편이냐 하는 피아식별만 남게 된다.

열 개 중에 아홉 개는 생각이 같아도

하나의 생각이 다르다고 불순분자가 되어버린다.

그리고 이 불순분자는 제거돼야 한다.

열 개의 생각이 모두 같은 '우리 편'만 남을 때까지.

과거에는 저녁이 되면 가족이 모여

공중파 방송이라는 매스미디어를 함께 보았고,

학교나 직장에 가면

어제 본 뉴스나 드라마에 대한 이야기를 했다.

그러나 지금은 각자 자신이 원하는 매체와 채널을 선택한다.

유튜브의 알고리즘이 내 입맛에 맞는 콘텐츠를 보여주고,

자극적이고 편중될수록 사람들의 이목을 끈다.

자연스레 사회를 바라보는 공통의 감각은 사라지고
생각은 점점 편중되는 것이다.

그러다 보니 자신과 견해가 다른 사람을 만나면
생각이 다른 정도가 아니라 정신이 나간 사람으로 보인다.
뭘 모르거나, 못돼 먹었거나.
나와 너를 가르며 악당이 된 상대편에 맞서
선이라는 고지를 독점하기 위해 저마다의 고지전을 치른다.
이미 절반으로 쪼개진 나라가
열두 개로 더 쪼개지면 평화가 오려나.

대체 누가 이겨야 하는 걸까?
문제는 선악의 구별이 스타워즈를 보듯 한눈에 되지 않는 데 있다.
악당이라면 응당 시커먼 가면을 쓰고 있으면 좋으련만,
악이 선으로 위장되기도 하고
선한 의도가 선한 결과를 보장하는 것도 아니며
대다수의 집단과 대다수의 개인은 선과 악이 혼재되어 있다.
서운하겠지만 어느 한쪽 편을 들기에
이 사바세계는 너무 복잡하다.

그런데 편을 가르게 되면 그게 잘 보이지 않는다.
상대편의 파울은 인간 실격의 대역죄지만
우리 편의 파울은 모험이요, 착오가 되고,
쏟아지는 이슈를 사안별로 바라볼 수도 없다.

때로는 어설픈 중립기어만큼 얄미운 게 없지만, 어쩌겠는가.
우리 사회의 가장 큰 숙제는 편 가르기를 넘어서는 것이다.

우리 편, 남의 편을 떠나 사회적 합의와 공동선을 찾아가야 한다.
그래야 각자의 생각을 말해도
서로 미워하지 않을 수 있다.

어깃장을 놓는 독선에서 벗어나
비난이 아닌 대안이 필요하고,
모욕이 아닌 설득이 필요하다.

그때 비로소 갈등의 고지를 넘어,
우리는 앞으로 나아갈 것이다.

희망의 근거를 만들 것

희망을 품는 것에 의문을 가진 적이 있다.
헛된 희망이 오히려 독이 되는 건 아닐까.
오죽하면 '희망 고문'이라는 말이 있을까.

이런 예시는 좀 어색하지만 이 고민의 답이 되어 이야기하자면,
베트남 전쟁 때 많은 미군이 포로로 붙잡힌 일이 있었다.
많은 군인이 오랜 수용 생활을 견디지 못하고 죽어갔는데,
당시 장군이었던 스톡데일의 증언에 따르면
가장 먼저 죽은 이들은 낙관론자였다고 한다.
그들은 크리스마스 전에는 나갈 수 있을 거라고 믿다가
크리스마스가 지나면 부활절에는,
또 부활절이 지나면 추수감사절에는 나갈 거라 믿다가,
다시 크리스마스를 맞자 반복되는 상실감에
생의 의지를 놓아버리고 죽게 되었다고 한다.

그럼 그들을 죽게 한 것은 희망이었을까?

나는 동의하지 않는데,

이들은 희망이 아닌 근거 없는 낙관을 품었던 것이고,

그건 사실 현실 도피에 가까웠다.

그렇다면 아무것도 기대하지 않고 비관론자가 되는 편이 나을까?

그것 역시 해답은 아닐 것이다.

낙관주의자 다음으로 죽은 것이 비관론자였으니 말이다.

그렇다면 대체 어떻게 해야 할까?

생존자였던 스톡데일은 현실을 직시했고

자신이 할 수 있는 일을 했다.

'훌륭한 대우를 받는 포로'의 사례로

비디오테이프에 찍히는 걸 피하기 위해

의자로 자신을 내리치며 저항하고,

부하들의 고립감을 줄이기 위해 자기들끼리 소통할 수 있는

내부 통신 체계를 만들기도 했다.

그 결과, 멘탈 갑이었던 그는 7년 반의 포로 생활을 견디고

생존할 수 있었다.

한때 우리 사회는 낙관론자로 넘쳐났다.
경제는 다시 호황으로 돌아서리라 예측했고
자기계발서를 통해 성공의 비밀을 알게 되었으니
성공은 손에 닿을 듯 가까이 있다고 믿었다.
하지만 현실은 쉽게 바뀌지 않았다.
노력은 반드시 결실을 볼 거라는 어린 시절의 믿음은
노력은 때때로 결실을 본다는 부분적 진실로 다시 정의되었고,
부풀었던 희망은 상실감으로 되돌아왔다.
그래서 요즘은 희망을 논하는 것이 고문이 되었다.

맞다. 현실감을 잃은 희망은 아편에 불과하다.
그렇지만 희망 없이 삶을 어떻게 견딜 수 있겠는가.
언제나 최후의 진실은 현실의 기반 위에 희망을 품어야 한다는 것.
하루 다섯 끼를 먹으며 살이 빠지길 바랄 수는 없는 것처럼
희망을 품고 싶다면 방법을 찾아야 한다.
그리고 방법에 대해 충분히 검토했다면 그 고단함을 견뎌내야 한다.

당신이 해야 할 일은
막연한 희망이나 대안 없는 절망이 아니라
희망의 근거를 만들어가는 것이다.

진인사대천명.

두드려라, 그러면 열릴 것이다.

뜻이 있는 곳에 길이 있다.

하늘은 스스로 돕는 자를 돕는다.

호랑이 굴에 들어가야 호랑이를 잡는다.

희망은 원래 조건부다.

기꺼이 세상에
호의를 베풀 것

나는 모르는 사람을 잘 도와주는 편이다.
장례식장을 찾아가는 노부부에게 내릴 역과 갈아탈 버스,
장례식장 전화번호까지 찾아 적어주기도 하고,
어떤 여자의 뒤를 쫓는 수상한 사람들을 보고
여자를 불러 세워서 다른 길로 가게 하기도 했다.

이렇게 내 오지랖의 면적이 늘어난 건 첫 배낭여행에서의 기억이 컸다.
핸드폰은 망가지고
서툰 언어와 처음 겪는 환경 속에서 고군분투했는데,
내가 여행을 무사히 마칠 수 있었던 것은
낯선 이들의 크고 작은 도움 덕분이었다.

한국에서 나는 약자가 아니다.
길도 잘 알고 건장한 여성으로 자랐으며
유창한 한국어를 구사한다.

그래서 알지 못했을 뿐
내가 약자가 된 순간 작은 도움이 절실하게 필요했고
그때마다 기꺼이 도움을 주는 누군가가 있었다.

괜히 모르는 사람을 도와주다
피해를 볼 수도 있다고 걱정하는 엄마에게,
엄마가 더 나이가 들면
그땐 나 같은 사람들이 엄마를 도와줄 거라 말했다.
도움이 필요한 순간 누구에게도 도움을 받지 못하면
점점 마음을 닫게 되고 더는 타인에게 손을 내밀지 않게 된다.
'나는 도움 받지 못했으니, 나 역시 어떤 도움도 주지 않을 것'이라고
다짐하는 세상에서 살고 싶지 않다.

내가 삶을 살아가는 데 필요한 건 조심성과 신중함이지, 불신이 아니다.
나는 여전히 다수의 선의를 믿는다.

다른 누군가에게
세상이 선의를 베풀 만한 곳이라는 확신을 주고 싶고,
내가 어려운 순간
누군가가 손 내밀어 줄 것이라는 믿음 속에서 살고 싶다.

호의 돌려막기

다른 분에게 잘 전해주세요.

헝거게임에
참여하지 않을 것

예전에 할리우드 남자 배우와 유모의 불륜 스캔들이 기사로 뜨자
누리꾼의 반응은 사실이 아닐 거란 쪽으로 모였다.
그 이유는 남자 배우에 대한 신뢰 때문이 아니라
왜 저런 사람이 고작 유모와 바람이 나겠느냐는 것이었다.
우리는 평등을 외치고, 갑질과 차별에 분개한다.
그러나 실상은 자신이 무시당하고 싶지 않다는 뜻이지
내가 다른 이를 무시하지 않겠다는 뜻은 아니다.

언젠가 사회 뉴스를 읽다가 그 밑에 달린 댓글을 보았다.
내용은 높은 청년 실업률의 해결책으로
지방대부터 아웃시켜야 한다는 것.
나는 이런 말을 거침없이 내뱉는 것에 놀랐으나,
그보다 더 놀란 건 그 의견이 많은 이의 공감을 받은
베스트 댓글이 됐다는 사실이었다.

순간, 〈헝거게임〉이 떠올랐다.

〈헝거게임〉은 판엠이라는 가상 세계에서 벌어지는

소설 원작의 SF 영화다.

헝거게임이란 열두 개 구역에서 각각 조공인 두 명을 뽑아서

최후 승자가 나올 때까지 서로를 죽여야 하는 게임이다.

지배층인 캐피톨은 조공인들에게 공포심을 심고자

헝거게임을 개최하고 이를 방송으로 내보낸다.

한 명의 승자에게 부와 명예를 주는 것으로

스물세 명의 죽음이 정당화되는 게임.

게임이 시작되면 힘이 있는 무리는 서로 연합을 해서,

힘없고 약한 이부터 제거한다.

그렇게 연합해서 약한 이들을 밀어내면

한동안 안전을 보장받는다.

그러나 이 게임은 최후의 한 명만을 남기므로
내가 나보다 약한 이를 밀어냈듯, 나보다 강한 이가 나를 밀어낸다.
이 영화는 승자 독식 사회와 신자유주의에 대한 은유라 할 수 있다.

영화에서처럼 생존 경쟁에 내몰리는 이들은
자신보다 약한 이들을 밀어내며 잠깐의 안도감을 얻는다.
하지만 내가 살기 위해 다른 이를 내모는
이 불합리한 게임을 멈추지 않는 한,
누구도 안전할 수 없다.

누군가는 정치가 바뀌면 세상이 나아질 거라고 말한다.
물론 좋은 정치인과 사회의 투명성, 공정성 회복은 필요하다.
그러나 이를 위해서는 게임의 룰에 대한 성찰과
서로를 내몰지 않는 연대가 동반되어야 한다.
우리의 안전은 서로를 밀어낼 때가 아니라
서로의 울타리가 되어줄 때 얻어진다.
그러니 은근한 차별과 밀어내기 경쟁을 중단하자.

이 잔인한 게임을 멈추지 않는 한,
다음 차례는 나 자신이 될 것이다.

새로운 게임의 등장

제발 그만해.
그러다 다~ 죽어.

친구의 차를 타고 다른 지역으로 1박 2일 여행을 간 적이 있다.

처음 가보는 동네를 지나다 문득 한 아파트를 보는데

'저 아파트는 비싼 아파트겠구나' 하는 생각이 들었다.

척하면 착인 부동산에 대한 나의 이런 조예는 어디에서 왔을까.

이건 간단했는데, 시가지에 있었고 신축이었으며

유명한 아파트 브랜드가 보였기 때문이다.

기초적인 정보 몇 개만 알면

굳이 복덕방 사장님을 찾아가지 않아도 쉽게 알아볼 수 있었다.

하루는 인터넷을 검색하다

〈대한민국 계급 측정기〉라는 게시물을 보았다. (안 찾아보는 게 낫다.)

어찌나 꼼꼼하게 작성되었는지,

소득, 자산, 자동차, 학벌, 취미 등의 조건에 따라 계급이 나뉘었다.

과거 흙수저, 금수저 정도로 구분했다면

이 최신 개정판은 아홉 개의 계급을 상세히 구분해놓았는데,

보고 있노라니 씁쓸한 마음이 들었다.

사실 아담과 이브가 에덴동산을 떠난 이후로

모든 사회에는 부유층과 극빈층이 존재했고,

계급이나 계층 구분이 없는 사회는 없었다.

하지만 우리 사회의 문제는 이게 너무 잘 보인다는 거다.

이건 일종의 해상도 문제다.

사진에서도 픽셀의 숫자가 커지고

더 세밀하게 구분될수록 화질이 선명해진다.

사회 역시 세밀하게 구분할수록 차이는 선명해지고

별다른 노력 없이도 상대의 부와 계층을 추측할 수 있게 된다.

그 안에서 우리는 자신의 위치를 확인하게 되고,

남는 건 우월감 혹은 열등감,

그리고 계층 상승에 대한 끝없는 욕망이다.

그런데 자산, 자동차, 학벌, 외모 등은 모두 나를 둘러싸고 있는 외형이다.
우리의 존재는 외형이 아닌 그 안에 있다.
이 외형의 투쟁 속에서 존재 자체가 아닌
조건으로 서로를 평가하는 사이 우리의 존재는 점점 희미해진다.
이에 대해 정혜신 정신과 의사는
'나'가 흐려지면 사람은 반드시 병이 든다고 했다.
마음의 영역에서는 그게 팩트다.

위세 경쟁에 맞춰 자신을 증명하려 할수록
타인의 시선과 기대에 맞추려고 할수록
우리의 존재는 그 빛을 잃고 마음은 병드는 것이다.
물론 점점 더 선명해지는 계층의 구분과 외부의 시선을
모른 체하고 살 수는 없겠지만,
그 너머에 있는 자기 존재에 집중해야 한다.
어떤 계급에도 어떤 계층에도 속하지 않는
고유한 자신을 만나야 한다.

모든 성인과 모든 철학자가 했던 이야기.
나를 둘러싼 외형이 아닌 본래의 자신을 찾아가는 것.
우리의 최종 목적지는 결국, 이 여정에 있을 것이다.

어, 이게 아닌데.

인간이란
무엇인가 물을 것

아파트 놀이터에 들어온 동네 아이들을 붙잡아 가둔
입주자 대표의 기사를 읽었다.
남의 아파트에 들어와 노는 것은 도둑질이라며
아이에게 이놈 저놈 욕을 하고 경찰에 신고했는데,
부모의 항의에 자신의 행동은 정당하다며 사과를 거부했다.

'놀이터는 아파트 사람들 고유의 공간이다',
'거주민이 아닌 사람의 방문은 주거 침입이다'라고 생각하는 것 자체는
어디까지를 주거 공간으로 볼 것인지,
놀이터를 이용한 것을 침입이라 할 수 있는지
해석을 다툴 여지가 있을 수도 있다.
하지만 그게 아이를 도둑이라 비난하며 신고까지 할 일인가.
아이에게 얼마나 큰 수치심과 상처가 될지는 왜 묻지 않는가.
우리에게 필요한 건 법적 논리의 문제를 넘어,
'인간이란 무엇인가?'라는 질문이다.

인간다움에 대한 질문은 세상물정 모르는
순진한 소리가 되기 십상이고,
오히려 위선자 소리를 들을 수도 있다.
하지만 이 질문 없이, 우리는 정말 괜찮을까.
허무하지 않은가. 정말 거기에 행복이 있는가.

나 역시 부족함을 끌어안고 사는 존재이고
언제나 옳은 선택을 내리는 건 아니며
부끄러운 날도 많다.

그럼에도 나는 여전히 인간다움에 대해 질문할 것이고
과정의 가치를 잃지 않을 것이며
다른 사람과 함께하는 길을 찾을 것이다.

내가 아는 한 인간은 그런 존재여야 하므로.

사람의 수준은
무엇을 가졌느냐가 아닌,
무엇을 부끄러워 하느냐로 알 수 있다.

방황하는 어른이 될 것

영화 〈죽은 시인의 사회〉에는 닐이라는 인물이 등장한다.

엄격한 아버지에게 의사가 되어야 한다는 강요를 받으며 자라온 닐은

우연히 셰익스피어의 연극 〈한여름 밤의 꿈〉의 주연을 맡는다.

자신의 자질과 능력을 발휘하며

어느 때보다 행복한 날을 보내고 있는 닐에게

아버지는 당장 그만둘 것을 명령하며 전학을 시키겠다고 엄포를 놓는다.

연극을 하고 싶었던 닐은 아버지의 강요에 반항하려 하지만

닐의 시선에 어머니의 모습이 들어오자 반항을 포기하고 입을 닫는다.

어머니의 모습이 너무 절박하고 애처로웠던 것이다.

닐의 표정에는 무력감과 절망감이 비친다.

그리고 그날 밤 닐은 아버지의 총으로 스스로 목숨을 끊는다.

주어진 삶은 견딜 수 없고

자신이 원하는 삶은 도저히 살 수 없을 때

사람은 절망하는 것이다.

한 정신과 의사는 헝가리, 일본, 우리나라의 공통점으로
'방황이 허락되지 않는 사회'를 이야기했다.
그리고 이 세 나라에는 한 가지 공통점이 더 있는데
바로 높은 자살률이다.

우리나라에서 방황은 인생을 망치는 지름길이자 금기에 가깝다.
오죽하면 방황 청소년이라는 말까지 있을까.
대학 진학, 취업, 결혼, 출산, 내 집 마련 등 일련의 과정을
적령기라는 데드라인에 맞춰 완수해야 하고
이를 위해선 잠깐의 방황조차 용납하지 않는다.
실망하는 부모님과 실패자로 규정짓는 수군거림과
사회적 고립에 대한 두려움을 피하기 어렵기 때문이다.

그 결과 우리나라는 자살률 최고, 출산율 최저라는
두 가지 지표를 갖게 되었다.
이 지표의 공통점은 생존과 번식이라는
인간의 가장 기본적인 본능마저 포기한다는 것.
그만큼 우리가 이곳을 살 만하다고 여기지 못하는 것이다.
주어진 과업을 빠짐없이 수행했는지를 개인의 평가 기준으로 삼는 사회.
그 안에서 잠깐의 정체라도 있으면 개인은 초조해지고 숨이 막힌다.

지금보다 어려운 시절이 있었고

우리보다 더 못사는 나라도 있으니

힘들어하는 건 엄살이라고 외치는 사람들도 있지만,

사람을 불행하게 하는 두려움의 실체는 절대적 가난이 아니라

사회로부터 존중받지 못하는 비참함과 고립감이다.

경제적 지표의 어려움이 아니라

사회의 모순됨에 우리는 날이 서고 좌절한다.

그렇다면 어떻게 해야 우리도 행복할 수 있을까?

유토피아는 없겠지만

많은 사람이 행복지수가 높은 북유럽 국가에서 그 답을 찾는다.

그런데 벨기에 교육잡지《클라세》의 편집장 레오 보만스에 따르면,

북유럽 사람들의 높은 행복감은

높은 소득이나 복지 시스템의 결과가 아니라

넘치는 자유, 타인에 대한 신뢰,

다양한 재능과 관심에 대한 존중의 결과라 한다.

그리고 우리는 지금 그 반대 지점에 있다.

자유의 박탈, 획일적인 삶의 강요, 타인에 대한 불신.

만약 어떤 삶을 살아도
있는 그대로의 나로서 존중받을 수 있다는 믿음이 있다면,
우리 사회가 실패와 방황 끝에 다시 시작하는 이들에게
기회와 응원을 줄 수 있다면,
우리는 얼마나 자유로울까.

우리가 행복하기 위해 실존의 문제만큼 절실한 사회적 복지는
마음껏 방황할 수 있는 자유와
그런 서로를 바라보는 너그러운 시선이다.
이건 교과서적인 말이 아니라
가장 본질적인 해결책일 수 있다.

서로에 대한 관용과 너그러움이
우리를 이 불행에서 벗어나게 할 것이니.

우리, 이제 그만 불행하자.

Part 6.

좋은 삶, 그리고 의미 있는 삶을 위한
to-do list

행복은 깊이 느낄 줄 알고,
단순하고 자유롭게 생각할 줄 알고,
삶에 도전할 줄 알며,
남에게 필요한 삶이 될 줄 아는 능력으로부터 나온다.

_스톰 제임슨

행복을 삶의 목적이라
말하지 않을 것

고등학교 때 '인생의 목적'을 발표하는 시간이 있었다.
이상하게도 내 대답은 기억나지 않지만
많은 친구들이 '행복'이라 말한 건 기억이 난다.
어른이 된 지금도 여전히 '왜 사느냐'는 질문에 대한
가장 흔한 대답은 '행복하기 위해서'일 것이다.

하지만 사람은 행복하려고 태어난 낭만적 존재가 아니다.
인간이 느끼는 원시적인 감정은
기쁨, 분노, 혐오, 공포, 슬픔, 놀람 이렇게 여섯 가지인데,
인간이 행복하려고 지구에 왔다면
행복에 가까운 감정을
딸랑 한 가지만 세팅해놓았을 리 없다.
굳이 부처와 쇼펜하우어를 들먹이지 않아도,
삶이란 행복이 넘치는 꽃밭이 아니다.

그런데 삶의 목적을 행복으로 규정하고
살아가는 이유가 행복이 되어버리면,
우리는 너무 자주 인생을 잘못 살고 있는 게 된다.
그래서 사람들은 우울함을 감추기 위해 애쓰고
어떻게 해서든 슬픔을 억눌러야 한다고 생각한다.

하지만 삶은 본래 행복과 불행을 모두 포함하는 경험의 장이다.
베르사유 궁전을 아름답게만 두고 싶어서
화장실을 없앴다 해도
산다는 건, 궁전 구석에서 몰래 똥도 누고
때론 남이 싼 똥도 밟고 사는 것이다.

그러니 가끔은 슬퍼도, 우울해도 된다.
맑은 날만 지속되면 가뭄이 되듯이,
그 시간이 없다면 우리는 성장할 수 없다.

물론 우리는 행복을 위해 노력해야 하고,
나 역시 당신의 행복을 빈다.
하지만 삶의 목적은 삶 그 자체일 뿐이다.

열 번 중에 여섯, 일곱 번 행복한 사람은 행복한 사람이다.

하지만 열 번 중에 열 번 다 행복하려 한다면,

그건 강박증이다.

#행복인증 #나는졸라행복 #행복증거

사람들이 보이는 것만큼 행복했다면,

여기는 지상 낙원.

가볍게 살아갈 것

한 달 일정의 배낭여행을 떠난 적이 있는데
혼자 하는 여행이 처음이라 불안했던 나는 짐을 잔뜩 챙겼다.
책만 세 권에 고데기도 두 종류를 챙겼으니
짐을 쌀 때 미쳤던 게 틀림없다.

두 개의 가방을 낑낑 지고 다녔던 나는
여행이 일주일 남았을 때쯤 완전히 지쳐버렸다.
모든 상황이 지긋지긋했고
무거운 짐을 지고 다니는 나 자신에 신물이 났다.
다음 여행지로 가기 위해 공항 의자에 앉아 있던 나는
가방을 풀고 필요한 물건만 남긴 뒤
짐 절반은 쓰레기통에 버려버렸다.
그렇게 절반의 짐을 버리며
불편하지 않을까 하는 걱정도 들었지만,
여행의 발걸음은 한결 가벼워졌다.

여행 중에 만났던 지인은 1년 반 넘게 여행 중이었는데
그가 가진 짐이라고는 배낭 하나가 전부였다.
그는 최소한의 짐만을 챙겼고 필요한 것이 생기면
그때그때 구입했다.
예를 들면 입고 있는 옷이 낡으면
현지 시장에서 구입하는 식이었는데,
그 자체가 여행의 즐거움이라고 말했다.

우리는 불안하다며 너무 많은 짐을 챙기지만
사실 그렇게 많은 짐이 필요하진 않다.
필요할 때 충당할 수도 있고,
늘 무겁게 짊어지며 사는 것보다는
약간의 불편함을 감수하는 쪽이 이득일 수도 있다.

삶이란 오랜 여정이다.
최대한 몸을 가볍게 해야 지치지 않는다.
그러니 삶의 무게가 버거워졌다면
불안한 마음에 버리지 못했던 것들을
다시 한번 마주하고 그것들을 덜어내는 용기가 필요하다.

여행 내내 한 번도 꺼내지 않았던 짐과
아직 일어나지도 않은 일에 대한 걱정과
삶을 무겁게 만드는 불필요한 욕망과
잘못한 것 없는 부끄러움과
지치게만 하는 과잉된 관계.

이 모든 것에 대한 최후통첩.
그 포기가 우리를 자유롭게 할 것이다.

+

자유롭게 살고 싶거든
없어도 살 수 있는 것을 멀리하라.
_톨스토이

과잉된 것들을 버려주세요.

삶의 경우의 수를
늘릴 것

영화 〈올드보이〉에서 오대수는 15년 동안
독방에 갇혀 군만두만 먹는다.
그를 가둔 우진은 왜 그렇게 했을까.
대수에게 인형 눈알을 붙이게 했을 수도 있고
가끔은 물만두를 줬을 수도 있는데 말이다.
그런데 예전에 누군가 이런 말을 했다.
햄스터가 쳇바퀴 속에서 긴 시간을 살아간다 해도,
매일 같은 패턴과 같은 풍경 속에 살아왔다면
그 시간을 느낄 수 있었겠냐고.

한 가지의 패턴과 한 가지의 풍경으로 압축된 과거는
그저 한순간으로 지나갈 테다.
그러니까 우진이 오대수를 같은 풍경, 같은 패턴 속에 가둔 건
그에게서 15년이라는 시간까지 빼앗고 싶어서가 아닐까.

피천득은 「장수」라는 글에서
"기계와 같이 하루하루를 살아온 사람은
팔순을 살았다 하더라도 단명한 사람"이라고 말했다.
매일 비슷한 패턴 속에서 살아간다는 것은
삶의 무수한 가능성과 다양성을 압축해버리는 일이고,
자신의 삶을 잃어버리는 일이다.

그러니 주말에는 바다를 보러 가고
퇴근길에는 다른 길로 걸어보고
새로운 사람들을 만나고
이제까지 내가 시도하지 않았던 일들을 감행해보자.

자신에 대한 고정관념에서 벗어나
스스로에게 예측할 수 없는 내가 되어보는 것.

우리가 오래 살 방법은
손에 있는 생명선을 팔목까지 연장하는 게 아니라
새로운 풍경을 마주하는 것이다.

일상의 알고리즘을 바꿔봅시다.

메마르지 않으려
노력할 것

친구를 만나러 호주에 갔을 때 동물원에 간 적이 있다.

엄청난 규모로 인공적인 시설이 최소화된 동물원에 감탄하고 있었는데,

내 옆으로 아베크롬비 화보에서 나온 듯한 젊은 남자 무리가 지나갔다.

우리에게 동물원이란 대부분 아이를 동반한 가족의 공간인데

자연 속 동물을 구경하는 일이 젊은이들에게도 놀이인 것이 흥미로웠다.

그곳에서 우연히 대화를 나눈 호주인은

자신이 좋아하는 놀이가 버드 와칭Bird watching,

그러니까 새를 보는 거라 말하기도 했다.

친구가 만난 10대 후반의 또 다른 호주인은

크리스마스에 가족들과 함께 지낼 기대감을 늘어놓았는데,

할머니 댁의 저녁 식사 자리에 얼마나 많은 음식이 차려지는지

얼마나 많은 가족이 모여

즐거운 시간을 보내는지를 자랑했다고 한다.

일반화할 수는 없겠지만,

내가 본 호주 사람들이 느끼는 삶의 즐거움은

자연과 가족에 있는 듯 보였고,

나는 그게 조금은 낯설게 느껴졌다.

가족으로 끈끈하게 결속된 우리에게 명절은 의무감이고,

크리스마스는 집에 있으면 처량한 날인데 말이다.

한국전쟁 직후 최빈국이었던 우리는

잘살아보자는 열망으로 마음을 모았고,

유례를 찾아보기 힘든 압축 성장으로 한강의 기적을 만들었다.

하지만 다니엘 튜더가 한국의 모습을 담아낸

『기적을 이룬 나라 기쁨을 잃은 나라』라는 책 제목처럼

우리는 기적을 이룬 대신,

사소한 기쁨과 즐거움에 대한 감각을 잃었는지 모른다.

감정을 견뎌야 하는 노동과
우리를 비인간적으로 만드는 경쟁 속에 마음은 메말라갔다.
메마른 감정은 즉각적이고도 강렬한 자극을 찾게 했고,
즐거움은 유흥과 소비를 통해 이루어지는 것으로 학습되었다.
하지만 자극적인 즐거움이 끝나면 일상은 더 무료해지고
생은 활기를 잃는다.

만약 당신이 삶을 생생하게 느끼고 싶다면
삶의 앞마당에 있는 사소한 행복에 예민해지고
살아 있는 삶에서 기쁨을 찾아야 한다.

즐거움에 대한 재정의가 필요하며
돈을 들이지 않고도 즐겁게 할 수 있는
자신만의 놀이와 방법을 익혀야 한다.
그건 초라한 것이 아니라, 언제든 쉽게 행복해지는 일이다.

지금의 일상에서 기쁨을 발견하라.

우리 자신의 삶을 위해
창조성과 상상력을 발휘할 순간이다.

다들 알아서
행복할 것

내 동생은 늦둥이다.
막냇동생은 부모님의 남은 숙제랄까.
엄마는 동생이 자리 잡고
잘 사는 걸 봐야 본인도 행복할 것 같다고 말했다.

부모 마음이 다 그렇다 할지라도
나는 안타까운 마음이 들었다.
나는 엄마가 행복하면 좋겠는데,
엄마가 행복해지기 위해선 동생이 행복해야 한다.
그 말은 엄마의 행복이 자신의 통제권 밖에 있다는 뜻이다.
그건 자기 행복의 결정권을 문밖에 두고
누군가 초인종을 눌러주기를 기다리는 일이다.

그러면 동생의 입장에서는 어떨까?
자신이 불행하면 엄마도 불행하다.

자신의 행복을 다루기도 벅찬데,
실패하면 엄마까지 불행하게 만드는 불효자가 되니
마음은 더 무겁다.
그러니까 부모는 자식이 행복하지 않은 것에 근심을 느끼고
자식은 부모가 행복하지 않은 것에 부담감을 느낀다.
결국 서로의 행복을 염려하며 행복에서 점점 멀어지는 것이다.

도대체 어디서부터 잘못된 걸까?
염려와 부담감 모두 사랑에서 출발했다 해도
애초에 행복은 각자 책임져야 했다.

우리는 종종 사랑하는 사람을 '행복하게 해주리라' 이야기하지만
감정의 간병인이 아닌 이상
우리는 누구도 지속적으로 행복하게 해줄 수 없고,
누구도 우리를 지속적으로 행복하게 해줄 수 없다.

타인의 행복은 우리의 영향권 밖의 일이며
우리의 행복 역시 타인에게 위임할 수 없는 거다.
그러니 자신의 행복을 방치하지 말자.

결국 우리가 해야 할 최선은
애정과 사랑은 나누되
자신의 행복에 책임을 다하는 것이니,
부디 다들 알아서 행복하자.

우리는 열심히 살았고,
힘든 일도 잘 견뎠고,
떳떳하게 살았잖아.

우리는 행복할 자격이 있어.
마땅히 .

얻은 것은 무엇인지
생각할 것

어떤 곳에서 일해도 늘 불만인 사람을 만날 때가 있다.
이곳은 상사가 엉망이고
저곳은 연봉이 형편없고
그곳은 비전이 없다고.
듣고 있노라면 이 무한 루프에 진이 빠진다.

이들은 완벽한 파라다이스를 꿈꾸는 듯하지만,
안타깝게도 세상에는 나를 필요로 하는데,
합리적인 상사도 있고
월급과 적절한 보상도 주어지며
미래에 대한 비전까지 보장하는 완벽한 직장은 없다.

우리 삶에는 대부분 한정된 예산과 제한적 선택지가 주어지기에
인생을 만수르가 이마트에서 쇼핑하듯 살 수는 없는 거다.

그렇기에 선택에 있어 '무엇을 얻느냐'보다 중요한 건
'무엇을 포기할 수 있느냐' 하는 문제다.

줄어드는 연봉과 또라이 상사를 견디는 일 사이에서,
커리어의 단절과 아이와 함께하지 못하는 것 사이에서,
해보고 싶은 일을 포기하는 것과 고정적인 월급이 없는 생활 사이에서,
어떤 것을 더 견딜 수 없는지
어디까지 감수할 수 있는지에 대해 스스로 대답해야 한다.

늘 손해 보는 것만 생각하면
언제나 후회 속에 살 뿐.

어떤 것도 감수할 수 없다면,
어떤 것도 제대로 얻지 못할 것이다.

내가 선택한 것이기에

불안할지라도 불만은 없었어요.

지나간 과거와
작별할 것

초등학교 2학년 때 담임 선생님은 반 아이 중 몇 명을 유독 예뻐했다.
수업 시간엔 항상 그 아이들에게만 질문했고 늘 그 아이들을 칭찬했다.
나는 나를 '주인공 옆에 앉아 있는 엑스트라 같은 존재구나'라고 생각했다.
지금 생각하면 어린 내가 그렇게 느낄 정도니
어지간히 편애하셨나 보다.

그런데 나중에 알고 보니 그는
촌지 받는 것으로 유명한 선생님이었다.
한번은 선생님이 엄마를 불렀는데,
엄마가 빈손으로 찾아가자 면박을 준 일이 있었다고 한다.
몇몇 아이들을 예뻐했던 이유는 따로 있었나 보다.
하지만 그때의 나는 어른도 잘못할 수 있다는 걸 알지 못했다.
그저 '내가 주인공이 아니구나' 하는 생각을 했고
그 생각은 꽤 오래 마음에 남아 있었다.

세상엔 참 답 없는 인간도 한심한 인간도 많다.

그들은 어린 시절 우리 내면에 상처를 주기도 했고,

성인이 되어도 해결되지 않은 문제로 남아 우리를 잡아끌기도 한다.

그래서 많은 사람이 현재의 문제를 과거에서 진단한다.

내가 자신감이 없던 것은 그 선생님의 차별 때문이었고

내가 자존감이 무른 것은 부모의 양육 방식 때문이었고

내가 열등감에 시달리는 건 아이들의 괴롭힘 때문이었다고.

거기까진 옳다.

하지만 우리가 과거를 통해 현재의 문제를 진단하는 것은

그 과거에 머물러 뒤늦게 보상받기 위함도 아니고

자기 연민에 빠져 비운의 공주님 취급을 받기 위함도 아니다.

그 고리를 끊고 앞으로 나아가기 위해서다.

세상에는 한심하고 서툴고 성숙하지 못한 인간들이 있고

우리는 운이 나쁘게도 그들을 만났을 수 있다.

그렇지만 과거를 보며 되짚어볼 진실은

그 선생님은 그저 한심한 인간이었을 뿐이고

나의 부모는 처음부터 부모가 되기 위해 태어난 존재가 아닌

서툰 어른이었을 뿐이고

그 아이들은 어리석었을 뿐이라는 것.

그리고 그때의 나는 그 사실을 깨닫지 못할 만큼
너무 어렸다는 거다.

하지만 이제 우리는 무력한 어린아이가 아니다.
그들이 만들어낸 과거에서 벗어나
앞으로 나아갈 자격이 있다.

더 이상 과거에 붙잡혀 살기를 원하지 않는다면,
과거의 연약했던 나에게 위로를
미성숙했던 그 모든 존재들에게 작별을 고해야 한다.

이젠 괜찮아.

그 모든 날을 견뎌온 당신을
꼬옥 안아주세요.

인생에 여백과
바보 비용을 둘 것

디자인 작업물을 인쇄할 때는
바탕을 실제 사이즈보다 살짝 크게 작업한다.
재단 과정에서 오차가 생길 수 있으니 여백을 주는 거다.
그건 오차와 실수에 대한 관대함이자
안전한 결과를 얻기 위한 노하우다.

삶도 이와 유사하다.
계획대로 딱 들어맞게 재단되는 삶은 없다.
불필요한 일에 노력을 쏟기도 하고
한순간의 실수를 돌리기 위해 오랜 시간을 들이기도 하며
아무리 조심해도 예상치 못한 비용이 들 때가 있다.
인생이 언제나 딱 들어맞을 수도 효율적일 수도 없다.
그러니 자책과 후회에 머물기보다는
처음부터 실수와 오차를 위한 여백과
바보스러움에 대한 예산을 책정하는 편이 낫다.

이 정도 바보짓은 인생에 있을 수 있다고
이 정도의 삽질은 어쩌면 필요한 과정이었다고
인생이 언제나 효율적일 수는 없다고
처음 살아보는 인생이라 그게 나도 좀 어려웠다고 말이다.

그 오차와 실수에 대한 관대함이
우리를 보다 안전하고 자유롭게 만들 것이다.

낭비한 시간은 무병장수로 메워보자.

그래도 당신은
당신을 이해할 것

예전에 성인 진로 상담을 하는 분을 만난 적이 있다.
그분을 찾아오는 사람 중에는
소위 천재성을 타고난 사람들이 있는데
보통의 생각과는 다르게
그들의 삶이 그리 수월하진 않다고 한다.

그들은 학창 시절 성적이 좋지 않은 경우가 많은데
사고의 폭이 넓어서 주입식 교육을 받아들이기 힘들기 때문이다.
에디슨이 1+1 = 2를 이해하지 못한 것처럼 말이다.
이들이 자신의 천재성을 발휘할 수 있는 분야로 가지 못하고
일반적인 직장에서 일할 경우
그 생활을 더 견디기 힘들어하고,
그래서 우울증이나 강박증 약을 복용하며
힘겹게 회사에 다니는 경우가 많다고 했다.

괴로워하는 그들을 향해 주변 사람들은
"남들도 다 원하는 일을 하고 사는 건 아니다",
"너만 힘든 게 아니다"라는 말을 했을 것이다.
그리고 그들은 그 말에 자책감과 자괴감을 느꼈을지 모른다.
'다른 사람은 괜찮은데, 나는 왜 이렇게 힘들까.'
하지만 내가 힘든 크기와 타인이 힘든 크기는 같지 않다.
세상에는 사람을 대하는 게 어려운 사람도,
달리기를 어려워하는 사람도 있듯이
같은 문제에도 체감되는 난이도는 다른 법이다.

어떤 일이 유독 힘들다면
그건 내가 잘못된 사람이라서,
내가 엄살을 떠는 사람이라서,
내가 부족한 사람이라서가 아니라,
그저 나라는 사람에겐 그럴 수도 있는 것이다.

기성화가 내 발에는 유독 아프게 느껴진다 해도,
그게 발의 잘못은 아닌 것과 마찬가지다.

그러니 힘들어하는 자신을 몰아세우지 말자.
그들을 비극으로 이끄는 건
그들조차도 힘든 자신을 이해하지 못한 데 있었다.

자신을 이해하는 것은 자기 연민에 빠져 스스로를 동정하거나
자기 잘못은 아무것도 없다고 여기는 게 아니다.
그것은 자신을 몰아세우는 자기비판과
불필요한 자책을 중단하고,
지금의 자신을 있는 그대로 받아들이는 것이다.

그러기 위해 우리에게 필요한 건 자신에 대한 이해력을 높이고,
자신에게 맞는 삶의 방식을 선택하고 존중하는 일이다.

때론 이해받지 못함이 서글플지라도
적어도 나 자신은 스스로를 이해해야 한다.

『네가 어떤 삶을 살든 나는 너를 응원할 것이다』라는 책이 있다.

그런데 이 응원이 가장 절실하게 필요한 건, 자기 자신이다.

죽는 순간까지 나를 떠나지 않을 존재에게

오늘은 꼭 이렇게 말하자.

내가 어떤 삶을 살든,

나는 나 자신을 응원할 것이다.

나의 행복에
관심을 가질 것

나는 한때 '불행 수첩'을 만든 적이 있다.
우울하고 절망하는 순간에 그 감정들을 기록해두었다가
기분이 나아지면 다시 읽어보았다.
그러면 내가 얼마나 비합리적인 생각을 하며
상황을 극단적으로 예측했는지 알 수 있었다.

그런데 몇 번 적고 보니
내가 너무 불행한 사람이 된 것 같았다.
그래서 수첩의 용도를 바꿔 '행복 수첩'을 만들었다.
그러고는 우울함이 지나간 순간과
행복을 느끼는 순간을 수첩에 기록했다.
그렇게 수첩에 기록하고 보니,
나라는 사람이 언제 행복을 느끼는 사람인지 알 수 있었고,
우울한 순간도 곧 지나간다는 것을 알게 되었다.

사람들은 행복해지고 싶다 말하면서
무엇이 자신을 행복하게 하는지는 잘 알려고 하지 않는다.
그러나 행복은 어느 날 아침 식탁 위로 뚝 떨어지는 것이 아니다.

삶에 있어 알아두면 좋은 많은 것 중
MBTI보다,
조미료의 보관 방법보다,
연말 소득공제를 하는 법보다 더 중요한 건
나는 무엇으로 행복한가
나는 무엇으로 회복하는가
나는 어느 순간 살아 있음을 느끼는가 하는
자신의 행복을 다루는 노하우다.

행복하고 싶다면
너 자신의 행복에 관심이 필요하다.

완벽하지 않음을
사랑할 것

이세돌 vs 알파고

아날로그 시계 vs 전자시계

손편지 vs 이메일

LP판 vs MP3 음원

우리는 완벽한 것을 동경하고
완벽하지 않은 것을 사랑한다.

VS

 VS

 VS

 VS

어떻게 살 것인지
물을 것

나는 한동안 삶은 향유의 대상인가,
아니면 의미 추구의 대상인가 하는 고민을 한 적이 있다.
답을 고르기는 어려웠다.

일단 삶의 의미라는 게 무슨 말인지 이해가 되지 않았다.
두루뭉술한 소리 같았고 어떤 뜻인지 와 닿지 않았다.
복잡하게 생각하기 피곤했던 나는 삶을 향유의 대상으로 여기기로 했다.
매 순간 최선을 다해서 생을 느끼고 즐겁게 살아가는 것.
실제로 그건 꽤 좋은 삶이다.

나는 삶에 가장 중요한 것만을 남기려 노력했는데,
큰 카테고리에서 보자면
일, 인간관계, 즐거움, 정신적·신체적인 건강함이었다.
벌어지지 않은 일에 미리 불안해하지 않았고,
하고 싶은 일want을, 할 수 있겠다can 싶으면, 했다do.

'want + can = do'라는 단순한 공식.
대신 열심히.

희미하게 계획했던 밑그림을 완성해나가는 것에
성취감과 기쁨을 느꼈다.
그러면서 나는 내가 믿을 수 있는 사람들,
나와 결이 비슷한 사람들을 만났다.
중요하지 않은 사람들, 나를 짓누르는 관계와는 거리를 뒀고
그들이 내게 함부로 하는 것을 허락하지 않으리라 다짐했다.

내 삶의 즐거움을 위해 시간을 냈고
하루에 몇 번 하늘을 보며 감탄하는 날들을 보냈다.
외면했던 문제에 직면하며 해결했고 건강하게 살기 위해 노력했다.
주변 사람들의 시선과 통념, 사회가 규정한 정답에서 한발 떨어지니,
삶은 명료하고 가뿐했다.

그런데 이상하게도 잘 살아가고 있는가 하는 의문은 계속되었다.
매 순간 나의 삶을 충실히 살아가는 것만으론 부족함을 느꼈고
알 수 없는 허무함이 반복되었다.
그래서 나는 다시 원점으로 돌아와 삶의 의미를 찾기로 했다.

무엇이 삶을 의미 있게 하는가?
많은 질문 끝에 내가 찾은 답은
자신의 내면에서 존재의 본질과 선을 발견하는 것.
그리고 개인의 영역에서 공공의 영역으로 나아가
사회 안에서 그 선을 실현하는 것이다.
고대 그리스의 희극 시인 아리스토파네스가
"우리가 자기 자신을 완성하기 위해선 타인을 필요로 한다"고 말했듯이
사회와 타인과의 관계 속에서 자신의 가치와 의미를 찾을 수 있었다.

물론 이 말의 의미는 자신의 삶은 내팽개치고
남을 위해 희생하며 살라는 게 아니다.
자신의 마음을 밝히고
그 힘으로 공적 가치를 실현하며
사회 안에서 존재감을 느끼라는 뜻이다.

나의 경우는 세상이 조금 더 괜찮은 곳이었으면 했다.
가난해서 힘들지라도 비참함을 느끼지는 않는 곳이 되기를 바랐다.
세상을 조금 더 친절하게 만들고 싶었다.

내가 이따금 배달이나 택배를 온 기사님에게
음료수를 건넸던 이유는
사소할지라도, 여전히 세상의 '따뜻함'을 논할 수 있길 바랐기 때문이다.
아이들을 위해 기부했고
내가 마주치는 누구도 더 이상 모욕하지 않으려 애썼으며
내가 쓰는 책을 통해 작지만 유의미한 파동을 만들고 싶었다.

어떻게 살 것인가 하는 끝나지 않던 질문.
내 나름의 답을 이야기하자면,
우리 좋은 삶을 살자.

너무 복잡하게 생각할 필요는 없다.
열심히 일하고 사랑하는 사람들과 대화하고
함께 맛있는 것을 먹고 좋아하는 노래와 좋은 책과 함께하며
날씨가 좋은 날 햇볕을 쬐는 것.
나는 그 일상의 따스함이 좋은 삶의 전부라 생각한다.

그리고 가능하다면 의미 있는 삶을 향해 한 걸음 나아가자.

자신의 본래 가치를 발견하고 더 나은 나로 성장해나가자.

비록 지금은 우리가 우주의 먼지처럼 작은 존재로 느껴질지라도

우리는 삶의 허무를 이겨내고

스스로의 존엄함을 지킬 수 있다.

세상이 규정하는 성패와 상관없이,

나는 그런 삶으로 자부심을 느끼고 싶다.

진정한 자기 회복이란

자신을 특별한 존재로 만드는 게 아닌,

자신이 이미 특별한 존재였음을

알게 되는 것이다.

어른으로 살아갈 것

나에게 어린 시절 엄마는 강한 사람이었다.
하지만 지금 와 생각하면 그래 봤자 30대 여자였다.
엄마도 무섭고 힘들고 벅찼겠지만
누군가를 위해 꾹 참고 어른의 역할을 해냈을 뿐이다.

이제 나도 나이를 먹고 어른이 되었다.
어릴 때는 밥 잘 먹고 잠 잘 자는 것만으로도
내 역할을 충실히 해낸 거였지만
이제는 그런 일로 누구도 칭찬해주지 않는다.

왜 용돈을 주지 않느냐며 부모님에게 투정을 부리면
내 새끼가 아니라, 호로새끼 소리를 듣게 된다.
아직은 마냥 보호받고 싶은 내가
어른으로 살아가야 한다는 것이 유쾌하지 않지만
이제 와 초록색 쫄바지를 입고 다니며 피터 팬 행세를 할 수는 없다.

그러니 먹고살기 위해선 하기 싫은 일도 해야 하고
지겨움이나 불안함도 견뎌야 한다.
아직 어른이고 싶지 않다고 해도
우리의 부모님이 그랬듯 그렇게 어른인 척하며
우리도 어른이 된다.

어른이 되어보니 세상은 냉담한 곳이었다.
부조리가 넘쳐났고 사람들은 불필요할 정도로 서로에게 선을 그었고
평범한 이들조차 기회가 있으면 차별과 멸시를 즐겼다.
돈을 벌기 위해 감정을 모른 척해야 했고
사회의 헐거운 안전망에 늘 불안감을 느껴야 했다.
나는 이 냉담한 세상에서 초라해지고 싶지 않았으며
냉담한 누군가로 변해가고 싶지도 않았다.

그러려면 어떻게 살아야 하는 걸까 고민했다.
그래서 나는 많은 질문을 했다.
무엇을 부끄러워하며 살아야 하는가에 대하여.
나의 내면 가장 밑바닥에 있는 열등감은 무엇인가에 대하여.
차별과 모욕으로 얻을 수 있는 건 무엇인가에 대하여.
왜 이렇게 많은 사람이 불행에 허우적거려야 하는가에 대하여.

그 답을 따라가며,
한 개인의 불행과 불안은 내면에서 발생하는 화학 작용이 아닌
많은 부분 사회와 타인과의 관계 속에서
일어난다는 결론에 닿았다.

먹고사는 일에 대한 불안 외에도
타인에 대한 불신, 모욕, 경쟁적 인간관계, 차별은
공기 중으로 흩어져서 숨 쉴 때마다 우리에게 스며들었다.
그 결과 우리는 불필요한 일에 부끄러움을 느껴야 했고
모욕에 주눅들어야 했고
무시당하지 않기 위해 날을 세우며 경계해야 했다.
그 긴장 속에서 아무 문제 없는 자신을 탓하느라
실존의 문제를 해결하기도 전에 탈진해갔다.

나는 이 책을 통해 그럴 필요 없다고 말하고 싶었다.

불신 속에서 고독하고 외롭게 남아 있는 누군가에게
그대는 당당해도 된다는 응원이자,
여전히 인간적인 삶을 갈망하는 누군가가 있다는 신호이길 바랐다.

냉담한 세상에서 인간성을 잃지 않고 살아가기 위하여
우리는 자기 자신에게 조금 더 주의를 기울여야 하고
부당함과 모욕과 불안에 당당하게 맞서야 한다.
그리고 나와 타인을 위해,
더 나은 사회를 위해 자신의 몫을 해야 한다.

보통의 존재가
내가 아닌 것을 시기하지 않으며
차가운 시선을 견디고
있는 그대로의 나로서 살아가기 위하여.

당신이 조금은 자유로워졌기를 바란다.
우리에게 건투를 빈다.

감사의 말

시작은 기존의 사회학이나 사회심리학의 내용을
읽기 쉬운 에세이로 풀어내고자 했습니다.
저 스스로가 거기에서 많은 위로와 답을 얻었기에
다른 사람들에게도 필요한 이야기일 거라 생각했습니다.

물론 당시에 제 역량으로는 너무 어려웠던 터라,
하루 종일 머리만 뜯으며 앉아 있기도 하고
뒷산에 올라가 소리를 지르기도 했습니다. 흑흑.

그 시기에 다른 힘든 일도 참 많았는데,
힘든 시간을 잘 견디고 이 책을 쓰고 있을
2016년의 저에게 고맙다고,
어중간한 재능 때문에
인생이 망해버리는 건 아닌가 하는 걱정은
그만해도 된다고 전해주고 싶습니다. (예!)

저에게 있어서도 이 책은

마음의 지침이자 다짐이기도 했습니다.

방어적이고, 날이 선 부분을 조금씩 다듬긴 했지만,

지난 5년간 많은 부분에 있어서

저는 이 책의 메시지대로 살았고,

이제는 스스로 내면화됐음을 느낍니다.

그리고 다행스럽게도, 저의 임상 결과 (ㅎㅎ)

제 마음의 구조는 더 건강해졌습니다.

이런 이야기가 좀 쑥스럽지만,

불행한 작가가 설파하는 행복론이 되지 않기 위해,

결국은 더 큰 통증을 불러일으키는

진통제 같은 글이 되지 않기 위해,

앞으로도 제 글과 마음을 잘 살피겠습니다.

좋은 책들로 생각의 씨앗을 나눠주신 작가님들과
사랑하는 가족, 친구들,
책의 시작을 함께해준 도서출판 마음의숲,
그리고 새롭게 함께하게 된 클레이하우스에 감사를 보냅니다.

'감사의 말'의 성격에 맞지 않을 수도 있겠지만,
마음이 미처 영글지 못한 시절, 세심하지 못한 표현들로
불편함을 드렸다면 사과를 드리고 싶습니다.
더 나은 생각을 하고 더 나은 사람이 되어서
더 나은 글을 쓰겠습니다.

마지막으로, 그동안 책을 읽어 주신 모든 분과
심지어 이 '감사의 말'까지도 읽고 계신 바로 당신에게
진심으로 감사를 드립니다.
책을 쓰고 5년이 지난 지금,
저는 많은 것이 변했고, 전보다 많은 것을 느낍니다.
언젠가 이다음의 이야기를 전해드리고 싶습니다.

그때까지 저는 그저 저 자신으로, 보통의 개인으로

열심히 살려 합니다.

이게 제가 독자분들에게 보내는 감사와 애정의 방식인 것 같습니다.

당신이 어디에서, 어떤 모습으로, 어떤 삶을 살고 있든,

당신이란 존재에 환대와 애정을 보냅니다.

이 책을 받아들여 주셔서 고맙습니다.

당신을 위해 쓴 책입니다.

우리, 잘 살아내어 다시 만납시다.

당신의 벗, 김수현 드림

나는 나로 살기로 했다

초판　1쇄 발행　2016년 11월 28일
초판 315쇄 발행　2021년 10월 21일

개정증보판　1쇄 발행　2022년 2월 4일
개정증보판 12쇄 발행　2025년 1월 1일

글·그림 김수현

편집 윤성훈
디자인 *studio* weme
마케팅 한민지, 신동익
제작 ㈜공간코퍼레이션

펴낸이 윤성훈 펴낸곳 클레이하우스㈜
출판등록 2021년 2월 2일 제2021-000015호
주소 경기도 파주시 회동길 363-21, 2층
전화 070-4285-4925 팩스 070-7966-4925 이메일 clayhouse@clayhouse.kr

© 김수현, 2022

ISBN 979-11-973771-5-0 (03810)

클레이하우스㈜가 더 나은 책을 펴낼 수 있도록 의견을 남겨주시거나 오타를 신고해주세요.
QR코드에 접속해 독자 설문에 참여해주신 분께 추첨을 통해 선물을 드리겠습니다.